气候变化与
能源经济研究丛书

气候壁垒对
人民币实际有效汇率的影响

QIHOU BILEI DUI
RENMINBI SHIJI YOUXIAO HUILU DE YINGXIANG

李长河◎著

人民出版社

总　　序

　　全球气候变暖对全人类构成严峻挑战，而且应对气候变化的行动越迟缓社会成本就越大。因此，当前各国必须密切合作，减缓和适应气候变化，并探索低碳经济发展的新模式。为此，国际社会历经20余载的反复磋商，先后达成《联合国气候变化框架公约》和《京都议定书》，并于2015年12月在联合国气候变化框架公约第21次缔约方大会上达成《巴黎协定》。《巴黎协定》是历史上首个关于气候变化的全球性协定，为2020年后全球应对气候变化的目标和行动作出安排。

　　气候变化与大气污染同根同源，其治理也具有协同效应。当前，中国正面临日益严重的环境污染，大面积持续雾霾天气的治理刻不容缓，以环境为代价的粗放型发展模式已难以为继。中国自"十二五"以来就将能源强度和碳强度作为约束性目标写入五年规划，并层层分解至各省、市、自治区乃至行业和企业，党的十八大更是明确提出要发展绿色低碳经济、实现发展模式根本转变；我国向联合国提交的自主减排贡献（NDRC）承诺在2030年碳排放达到峰值。与此同时，中国在应对气候变化的国际气候治理中逐渐开始扮演领导者的角色，为推动达成《巴黎协议》作出了建设性的贡献。因此，无论是中国国内自身日益迫切的需要，还是在全球气候治理中发挥领导作用，树立负责任大国形象，我国都需要加强应对气候变化和大气污染治理，通过绿色低碳转型，实现可持续发展。

　　应对气候变化首要是改变当前的高碳能源体系，并推动经济社会发展方式的变革。自工业革命以来，人类活动所需要的能源主要来自化石能源消费，化石能源无节制的消费产生的碳排放，是引起全球气候问题的根源，还造成了环境污染严重、资源约束趋紧、生态系统退化的后果。因此，变革能源体系尤为关键。

这一方面需要节能减排和提高能源效率,另一方面则要大力发展新能源和可再生能源,从而推动能源结构的低碳化。能源体系的变革,涉及到能源生产、能源消费、能源技术和能源管理体制的变革以及能源国际合作。在能源体系低碳化的基础上,经济社会发展方式的变革是更根本、更彻底、更长远的任务,这将推动人类社会从工业文明过渡到生态文明。中国迫切需要改变经济社会发展方式,全面协调经济发展、社会发展和资源节约、环境保护之间的关系,实现节能减排和经济社会持续发展的双赢。

应对气候变化需要能源体系和发展方式的深刻变革,也需要增强社会公众的低碳意识与行为,这给经济学提出了新的研究任务和方向。其一,能源体系变革的路径及影响,包括节能减排及能效提升、新能源技术创新和产业化、行政措施和市场化手段等方面的研究。其二,低碳经济及其发展模式,包括碳效率及其影响因素、碳脱钩相关理论和机制、减排路径及创新激励机制等方面的研究。其三,应对气候变化的相关国际制度,包括国家间减排责任的分担、气候政策与国际经济的合作以及全球气候治理等方面的研究。其四,政府在引领整个社会向低碳社会发展过程中,要发挥主导作用,通过有效传播,提高公众对气候变化问题的认知,增进公众对低碳社会和低碳理念的认同感,优化公众行为,自觉采取节能减排行动。发达国家已对这些问题进行了大量的研究,初步形成了相关的理论体系和研究方法,对发达国家经济社会的低碳转型产生了重要影响,并为气候谈判和相关国际合作提供了理论支撑。相比发达国家,中国在积极应对气候变化的同时还肩负着工业化、城镇化、绿色化等经济社会发展的重任,因而更加迫切需要对中国的气候变化和能源经济问题进行深入研究。

基于上述考虑,我们组织编写了这套《气候变化与能源经济研究丛书》,包括《FDI对中国工业能源效率的影响研究》《不确定性条件下油价宏观经济影响的动态一般均衡模拟研究》《偏向型技术进步对中国工业碳强度的影响》《碳减排路径与绿色创新激励机制》《气候壁垒对人民币实际有效汇率的影响》《全球主要碳市场制度研究》《气候政策与国际贸易:经济、法律、制度视角》和《政府低碳理念传播的理论与实践》。上述研究立足于绿色低碳经济发展与低碳社会建构,关注国际气候谈判趋势,瞄准能源经济研究领域的前沿,主要是一批青年博士最新的研究成果,体现出青年学者对环境、气候变化和低碳经济转型的关注、思考和探索,希望能为全球应对气候变化和我国低碳经济转型与可持续发展做出自己的贡献。

齐绍洲　吴力波　张继宏

前　言

本书即将出版时,恰逢我在交通银行管理培训生项目的安排下赴香港轮训,因而有幸能有一个相对独立的时间、空间重读拙作,在全球最大的离岸人民币市场所在地为本书写前言,感触颇多。

关于人民币汇率,谁都可以说得有些道理,对错更加难以评判。相比之下,对汇率的未来走势,特别是重大事件可能造成的汇率冲击的判断,才是真正重要和有意义的。围绕汇率走势的分析无非两个问题:为何币值要发生调整,以及调整之下该何去何从。

第一个问题,人民币为何要升值或贬值,长期取决于生产力调整短期则是因为冲击,再直接一点,就是政策。政策纷繁复杂,贸易壁垒最为常见也最难避免,其中又当属气候壁垒最受关注。因此,在字面上风马牛不相及的气候变化、节能减排问题却是可以影响甚至冲击人民币汇率的重要指标,交叉学科的研究魅力可见一斑。

第二个问题,到底该升值还是贬值,则取决于汇率的实际水平与理论水平之间的差距。理论的并非一定是最优的,也正因为理论均衡与局部最优间的差距,才形成了所谓的人民币升值或贬值的压力,推动币值调整。

本书表面上的难点是对交叉学科研究方法的探索,但实际上更加困难的是如何"大事化小",将气候壁垒对汇率的影响分解并落脚到真正看得见摸得着的部门产出层面,才真正具有现实意义和些许应用价值。因此,本书采用实际有效汇率而非传统意义上的名义汇率,虽是另辟蹊径但绝非无章可循。

复旦十年,能够涉足金融与能源这一交叉学科,并在交通银行和复旦经院博士后站的持续培养下继续着对金融和经济的关注和实践,倍感庆幸!正如此书,虽是浅尝,未敢辄止,当坚持心念与思考,贡献微薄才识,做一个不踏空的学问者、不浮躁的金融人。

目　　录

引　　言

一、选题背景与研究意义

（一）选题背景

自 20 世纪 90 年代人民币汇率制度改革以来,围绕人民币是否被高估或低估的问题始终存在,我国对外贸易状况的变化以及全球经济增长、金融市场改革与发展成为影响和决定人民币汇率走势的关键性问题,突出地表现为在盯住美元的汇率体制下,20 世纪 90 年代亚洲金融危机、本世纪初中国加入 WTO 后对外贸易额激增以及 2009 年以后全球金融海啸对人民币汇率的冲击压力最大。相对于名义汇率而言,实际有效汇率能更加综合地反映一国货币的对外竞争力、基本面波动情况以及多边经济联系,因此采取实际有效汇率作为衡量人民币真实综合对外价值的指标更加合理①(图 0-1)。

从全球角度而言,欧美等主要发达国家为了扭转持续贸易逆差和国内经济增长颓势,通过多种手段向"金砖国家"为代表的新兴发展中国家尤其是中国施加压力,主要表现在两个方面:第一,通过对人民币升值施压,企图迫使人民币短期内快速升值,从而抑制我国对外贸易的快速发展;第二,通过实施反倾销和反补贴等措施,以变相贸易壁垒的形式阻碍我国对外贸易出口,我国是全球贸易保护主义最大的受害国,且局面愈发严重。

在具体的贸易壁垒方面,随着传统关税贸易壁垒在 WTO 和自由贸易区

---

① 下文如不做特殊说明,所用汇率一词均指实际有效汇率的简写表达。

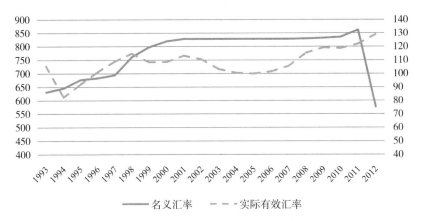

图 0-1　近 20 年人民币名义汇率与实际有效汇率走势图

数据来源:IMF。

(FTZ)框架下的逐渐减少,发达国家转而寻求技术壁垒等新兴贸易壁垒作为贸易保护的手段,目前最为流行的贸易壁垒是通过反倾销和反补贴诉讼对我国出口产品进行经济制裁,根据我国商务部有关数据显示,2014 年我国共受到 19 个国家和地区 92 起贸易救济调查,案件数量同比增长近 18%,连续八年成为全球接受反补贴调查案件最多的国家。然而,随着国内企业应对"双反"措施的能力不断增强和政府支持力度的加大,此类以个别行业和企业为对象的贸易壁垒很难对我国整个对外贸易出口造成长期而广泛的影响。在这一背景下,以应对全球气候变化、促进各国节能减排共同行动为口号的"气候壁垒"开始出现并迅速得到发达国家的广泛响应和倡导,成为贸易壁垒的最新形式。

从国内角度而言,我国自汇率改革以来,保持了较长时间的经济快速稳定增长,特别是进口加工贸易的飞速发展,使我国成为全球最重要的制造业中心和对外贸易大国。事实证明,长期盯住美元的汇率体制为我国对外贸易快速增长的有利条件之一,但随着汇率体制的进一步改革,汇率浮动的空间不断增大[①],说明人民币汇率需要更加市场化和适应时代需要的调整空间。

而基本面中,除了对外贸易,国内经济发展与经济结构调整也是影响人民币汇率走势非常重要的因素,随着我国经济改革的深入,更多国际化、市场化的机制将被改良引入,必将对人民币汇率带来影响和冲击。其中,以提高能源利用效

---

①　2014 年 3 月 17 日,央行将美元对人民币汇率浮动区间扩大至±2%。

率、发展循环经济、改善环境质量为目标的国内节能减排和能源结构调整政策可谓势在必行。该政策在促进我国可持续发展的同时,必将通过对实体部门的作用而将其影响扩展到国民经济各个领域,构成气候壁垒通过国内实体部门的影响渠道。

因此,在国际压力和国内改革的双重背景下,有关人民币汇率是否应升值(被低估)和贬值(被高估)的讨论也更加激烈,有关气候壁垒等贸易保护主义新形式对人民币汇率的影响也亟待研究。

(二)研究目的与研究意义

本书运用可计算一般均衡模型,以中国和全球主要经济体为核心,引入"金砖国家"、欧盟和"伞形国家"等统一的集团化区域范畴,在模拟全球宏观经济运行的基础之上,找出人民币实际有效汇率的形成与发展轨迹,即实际有效汇率的理论均衡值,作为衡量与评价人民币实际有效汇率的失调程度的依据。

在此基础上,通过对贸易壁垒政策的模拟,分析气候壁垒对人民币实际有效汇率的的影响和冲击,通过汇率指数的 LMDI 分解方法将气候壁垒的影响具体化到对外贸易国别结构和相对价格水平的变化,并通过国内实际价格水平指数的部门分解方法,将气候壁垒对国内经济的影响具体化到对主要生产部门实际价格与产出水平的影响。

最后,通过比较人民币实际有效汇率在不同伙伴国"一篮子"货币下的差异说明区域合作的重要性,以及通过"金砖国家"等集团在气候壁垒政策下的潜在损益分歧,说明不同类型气候壁垒实施的可能性与经济、政策风险。

通过上述研究目标,以期在以下几个方面有所贡献:

首先,运用一般均衡方法得出近年来人民币均衡汇率走势并判断汇率失调程度,既是在理论上对均衡汇率研究和人民币汇率失调研究的补充和改进,也是应对国际国内金融市场波动风险的政策选择基础。

其次,全面掌握气候壁垒的潜在经济影响,是我国在全球气候变化谈判关键时期合理制定谈判策略、了解谈判国利益动机以及寻求共同利益国战略合作等工作的依据和出发点。只有明确不同国际气候壁垒和国内减排措施可能带来的经济风险,才能做到在应对发达国家减排压力和政策威胁时知己知彼、进退自如。

再次,将气候壁垒对实际有效汇率的影响具体化到对外贸易国别结构、相对实际价格水平和国内部门产出层面,能够使我国在遭受国内国际减排措施负面影响之前,以此为依据提前进行贸易结构和贸易方向调整,并合理引导国内相关部门和产业采取提前应对措施,将气候壁垒对国内实体经济的负面影响降到最低。

此外,通过比较不同类型气候壁垒对我国实际有效汇率的影响,明确给出碳关税和碳标签两类截然不同的气候壁垒的潜在经济风险,从而使我国在国际气候谈判过程中有所针对,在面对西方发达国家减排压力时能够选择兼顾国内减排和经济发展两大目标的应对措施。

最后,由于气候政策的影响是多边的、全球性的,因此在分析其对我国的影响之外,加入对"金砖国家"等具有共同经济发展特征和政策一致性诉求的利益集团的影响研究,能够对各国在政策合作与博弈行为背后的经济动机有所了解,并明确集团化合作发展的方向和策略。

综上所述,本书围绕人民币实际有效汇率的理论均衡值、汇率失调程度、潜在政策影响因素、相对价格和贸易国别结构影响机制以及区域影响差异等具有前后连贯逻辑的问题展开研究,以期对气候壁垒下人民币实际有效汇率的走势、原因、传导机制、政策选择和国际谈判策略等理论和实际问题的改进与回答有所贡献。

二、核心概念界定

在展开具体研究前,首先给出研究相关的基本概念,主要包括:均衡汇率、汇率失调、实际有效汇率和气候壁垒以及碳关税和碳标签。

所谓均衡汇率,是指在均衡状态下的汇率水平,其中对均衡状态的定义不同导致的理论基础和研究方法也不同,根据研究范围的不同可将"均衡"分为局部均衡与一般均衡、内部均衡与外部均衡。均衡汇率中的汇率一般指实际汇率或实际有效汇率,即不考虑通货膨胀等因素,基于相对实际价格之比的汇率水平或汇率水平的加权平均值。本书研究的实际有效汇率是在一般均衡的框架下,全球经济在达到均衡状态时的实际有效汇率水平。

所谓汇率失调,即真实汇率水平(如国际货币基金组织 IMF 公布的全球实际有效汇率指数)与均衡汇率水平之间的偏差程度,其中与上述均衡汇率的研究范畴一致,这里所指的汇率均为实际有效汇率。

所谓实际有效汇率,采用 IMF 的定义,即测算国与其贸易伙伴国双边实际汇率的加权平均,实际汇率为剔除通货膨胀因素的汇率水平,贸易伙伴国根据需要可选取不同的代表性国家,加权平均的方法可分为几何加权平均与算术加权平均,权重一般根据伙伴国在测算国贸易中的比重,具体又分为进口或出口单边贸易以及双边贸易等,更复杂的权重则进一步考虑两国在第三国市场上的竞争关系,被称之为"第三市场效应",具体计算方法将在后文章节进行介绍。本书研究的实际有效汇率是指,测算国(如中国)与伙伴国(如美国、欧盟、日韩和"金砖国家"等)双边实际汇率的几何加权平均值,以双边贸易额占比和"第三市场效应"为权重计算的依据。

对外贸易的国别结构,也被称为对外贸易的地理方向或地区分布,是上述实际有效汇率中计算各国贸易权重的依据,即各国在一国对外贸易中的地位,通常用伙伴国的单边或双边贸易额占该国贸易总额的比值来衡量,是反映一国对外贸易主要伙伴国及市场重要性的指标。

所谓气候壁垒,也被称为气候环境壁垒(Climate and Environment Barriers),是指以应对全球气候变暖、促进各国节能减排共同行动为目标的非传统关税贸易壁垒政策,是贸易保护主义与全球气候变化和环境问题结合的最新形式,根据贸易壁垒发生作用的形式不同可分为边境调整型气候壁垒和技术型气候壁垒。

边境调整型气候壁垒也称边境碳税调整,主要形式为碳关税,是通过对某些高排放进口产品征税或对出口产品退税的形式,使同一产品在国内外生产者之间达到"税收中性",实现保护国内产业竞争力和国家间公平竞争的目的。此外,边境调整措施还包括与碳排放权交易制度相关的措施,即要求进口商在交易市场上购买与其进口产品相对应的排放权配额,尽管该措施尚未得以实施,但美国在其《美国清洁能源安全法案》中已明确提出,未实施减排政策国家的进口商需要购买排放配额或排放许可,以覆盖进口产品在生产过程中的温室气体排放。无论何种边境措施,均是发达国家对发展中国家的对外贸易所设置的壁垒,其最终目的是以此迫使发展中国家在全球减排中让步,寻求全球贸易新格局下的主动权。

技术型气候壁垒是指以低碳和节能标准标识为限制贸易商品进出口的附加

条件,最具代表性的是碳标签,即为了缓解气候变化、减少温室气体排放,推广低碳排放技术,将商品在生产、运输或处理过程中排放的温室气体通过量化指数等形式显示的一种产品标识方法。

三、逻辑思路与研究框架

本书从均衡汇率理论发展出发,在研究方法上以一般均衡方法为核心,在研究内容上以气候壁垒对实际有效汇率的影响及其相对价格传导机制为主线,通过可计算一般均衡模型将均衡汇率、汇率失调理论问题与气候壁垒政策和应对气候变化谈判相结合,给出关于气候壁垒对人民币实际有效汇率的定量影响结论,以及通过相对价格水平和贸易国别结构的影响机制,并对不同类型气候壁垒政策的冲击、人民币的相对竞争力变化以及"金砖国家"政策一致性等问题进行比较研究。基本研究技术路线图如图 0-2 所示。

因此,本书在研究方法上的重点难点主要在于对全球多区域可计算一般均衡模型的构建,特别是针对中国等发展中国家特征以及为了便于模拟气候壁垒政策所做的模型特殊设置,在一般均衡模型建模领域具有一定的挑战性与独创性。

四、研究方法与创新点

本书主要运用的研究方法是基于全球贸易数据库构建的多区域动态可计算一般均衡模型,以及针对人民币实际有效汇率指数的 LMDI 指数分解方法、部门实际价格指数分解以及情景比较等,有关可计算一般均衡模型与 LMDI 指数分解的方法将在后文详细介绍。此外,文献回顾、理论梳理以及基于投入产出表的基本分析是本书研究的基础。

本书在理论和方法上的创新点主要有以下两个方面:

理论上,建立气候壁垒与人民币实际有效汇率之间的传导机制,明确了边境调整型气候壁垒和技术型气候壁垒对人民币汇率升值或贬值压力的不同影响,并将两种类型气候壁垒的影响分解为贸易国别结构和实际价格水平两类因素的贡献度,进而将气候壁垒对部门产出和实际价格层面的影响具体化,即完成了气

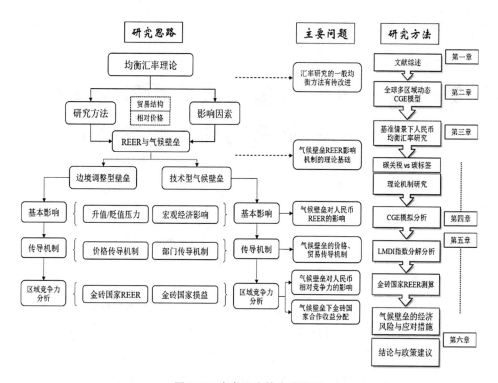

图 0-2　本书研究技术路线图

候壁垒从国家层面到部门层面的分析。

　　方法上,建立全球多区域可计算一般均衡模型,克服了此前一般均衡方法"小国经济"的假设和无法模拟关税等贸易壁垒政策情景的限制,并建立了基于实际经济数据的57生产部门和包含欧盟、"金砖国家"在内的全球多区域开放经济研究框架。此外,在可计算一般均衡模型建模领域,在模型的能源模块、排放模块、区域设置、资本动态积累模块、技术进步模块以及资源禀赋模块均有改进和独创性设置,从而使模型在模拟发展中国家经济运行特征和气候壁垒政策方面的效果更好,且能够通过技术进步模块与自下而上的能源技术模型对接,可在此基础上进一步建立全球综合评价模型。除此之外,运用 LMDI 方法对人民币实际有效汇率进行分解,将影响实际有效汇率的变动分成伙伴国占中国贸易份额比重的变化程度以及中国与伙伴国实际价格水平的相对变化程度两方面,为分析气候壁垒的传导机制和聚焦部门实际产出水平提供了有效方法。

第一章 气候壁垒对人民币实际有效汇率影响的相关研究综述

第一节 文献综述摘要

汇率是金融学研究的核心问题之一,20世纪90年代到本世纪初,随着中国在全球经济和贸易领域中地位的不断提高,国际社会要求人民币升值的压力越来越大,有关人民币升值的讨论愈发激烈,诸多学者基于不同的研究方法对人民币是否存在升值压力和币值是否被低估的问题开展了大量的研究工作,其中通过一般均衡方法寻找实际有效汇率的理论均衡值,从而判断汇率失调程度和人民币升值压力的方法逐渐兴起,成为学界一股重要的研究力量。

本书在分别回顾了均衡汇率理论与研究方法后认为,利用一般均衡方法研究人民币实际有效汇率有待进一步改进,构建全球多区域可计算一般均衡模型模拟均衡汇率形成机制以及新兴贸易壁垒对人民币实际有效汇率的影响,是对现有理论和研究方法的合理改进。

更进一步地,对外贸易国别结构(或贸易方向)和相对价格水平一直是影响和决定一国实际有效汇率的重要因素,学界关于贸易国别结构、相对价格水平与实际有效汇率关系方面有长期的研究积累,但在众多影响因素中,往往集中于考虑关税等传统贸易政策的影响。随着全球环境变化问题的重要性日益凸显,以边境调整型气候壁垒(碳关税)和碳足迹(碳标签)为代表的气候壁垒呼之欲出,成为全球经济贸易合作与谈判的焦点问题之一。了解和掌握气候壁垒对本国经济的影响是我国合理制定国内政策、争取国际贸易谈判主动权的重要基础,也是促成"金砖国家"等新兴发展中国家利益集团达成一致性政策的经济学理论依据。然而,通过文献回顾发现,目前金融学的汇率研究领域方法集中于实证分析,对气候壁垒等潜在政策的关注较少,而能源经济学领域中对气候壁垒影响的研究主要聚焦在经济总量、贸易条件和社会福利等方面,对实际有效汇率的关注也非常少。因此本书提出,用全球多区域一般均衡模型进一步分析气候壁垒对人民币实际有效汇率的影响,是对现有实际有效汇率理论和方法的有益补充。

第二节 文献综述思路与结构

自 20 世纪 90 年代以来,随着我国贸易顺差不断扩大、外汇储备激增,国际社会要求人民币升值的压力不断增大,人民币币值是否被低估、人民币升值幅度是否应加大等问题成为学界关注和争论的焦点,而判断人民币汇率水平是否合理、人民币是否被低估,首先要对人民币均衡汇率进行测算。

汇率是宏观经济领域中能够直接决定和反映资本账户和经济运行状况最重要指标之一。从 Swan(1963)[1]开始,对汇率的研究逐渐开始从宏观经济均衡的角度,考察当内部供给与需求、外部经常账户同时达到均衡状态时的汇率的形成与变动机制,对汇率的影响和决定机制的研究开始从均衡的角度出发,并与宏观经济基本面紧密联系起来。随后,在 Williamson(1983)[2],Edward(1989)[3],Stein(1994)[4],MacDonald(1998)[5]和 Rubaszek(2004)[6]等学者的不断发展下,均衡汇率决定理论逐渐从理论研究扩展到与实证研究相结合,从只考虑经常账户的外部均衡扩展到加入资本账户的内外部均衡,从局部均衡的研究方法扩展到一般

---

[1] Swan, "Longer Run Problems of the Balance of Payments", Melbourne : Paper presented to Section G of the Congress of the Australian and New Zealand Association for the Advancement of Science, 1963, pp.55-62.

[2] Williamson, *The Exchange Rate System*, Institute for International Economics, US: MIT Press, 1983, pp. 110-135.

[3] Edwards, S., "Real Exchange Rate in the Developing Countries: Concept and Measurement", National Bureau of Economic Research Working Paper, 1989, pp.2950.

[4] Stein, J.L., "The Natural Real Exchange Rate of the US Dollar and Determinants of Capital Flows", Washington, D.C.: Institute for International Economics, 1994.

[5] MacDonald, "Exchange Rates and Economic Fundamentals: a Methodological Comparison of BEERs and FEERs", Washington: IMF Working paper, 1998.

[6] Michal Rubaszek, "A Model of Balance of Payments Equilibrium Exchange Rate: Application to the Zloty", *Eastern European Economics*, 2004, 42(3): 5-22.

均衡方法,对均衡汇率的研究方法也由静态模型逐步扩展到动态模型,研究方法的稳定性和效果不断提高。

虽然目前关于均衡汇率的影响和决定机制已经形成了一个较为完善的理论体系,但仍存在着许多可以进一步改进和提高的地方,如:绝大多数理论都是在"小国模型"的假设下展开分析的,因此在分析中美等大国经济以及欧盟等经济体时所体现的真实性相对较弱;运用局部均衡的方法分析全球框架下的均衡汇率形成机制显然是有失偏颇的,而运用一般均衡的方法在模型设计、数据可得性以及运算复杂程度上存在很多困难,目前仅有的一些运用一般均衡方法对汇率决定机制的研究往往存在模拟国家较少和部门简化等不足。且上述一般均衡的理论与研究多为基于历史数据的实证分析,无法对关税等政策冲击进行模拟。因此,在研究方法上,亟待寻求一种更加适用于全球框架的汇率影响和决定机制研究工具,并能用于对外部政策冲击的模拟分析;在理论发展方面,明确实际有效汇率的理论均衡值并进一步对人民币升值压力及其部门传导渠道进行分析,具有重要意义。

因此,本章第三节首先就均衡汇率的影响和决定机制研究进行系统梳理,在此基础之上提出现阶段研究存在的不足和亟待完善之处,并提出在研究方法上的改进思路:即运用可计算一般均衡(Computable General Equilibrium)的方法建立动态全球多区域一般均衡模型,从而对实际有效汇率理论均衡水平的形成与变化进行定量研究。

以均衡汇率理论为基础,对人民币汇率失调和升值压力的研究以购买力平价和单方程实证研究最为常见。本世纪初,已有学者(卜永祥,Rod Tyers[1];孙茂辉[2])开始尝试从一般均衡的角度找出实际有效汇率的理论均衡值,以此来判断人民币的升值压力或失调程度。然而目前应用于汇率分析的一般均衡模型无论是在模型假设、结构还是在区域、部门设置上都存在着诸多不足之处,且多数实证分析聚焦的时间为 20 世纪 90 年代和本世纪初,对新兴问题的关注度不够。因此,作为均衡汇率理论研究的补充和深入,本章第四节继续围绕人民币汇率错位和升值压力的相关研究进行梳理,比较各种研究方法的差异,认为运用一般均

---

[1] 卜永祥、Rod Tyers:《中国均衡实际有效汇率:一个总量一般均衡分析》,《经济研究》2001 年第 6 期。

[2] 孙茂辉:《人民币自然均衡实际汇率:1978—2004》,《经济研究》2006 年第 11 期。

衡模型研究人民币实际有效汇率的方法有待改进,并以此为基础提出对人民币实际有效汇率的一般均衡研究方法的改进思路,即通过构建全球多区域可计算一般均衡模型,在一般均衡的框架下找出人民币实际有效汇率的理论均衡值,并进一步判断人民币汇率失调程度和升值(或贬值)压力。

在均衡汇率的研究中,相对价格水平和贸易国别结构是影响实际有效汇率汇率的重要因素,学界中有大量相关分析,但多数研究关注的重点往往局限于贸易条件或传统关税贸易壁垒等因素,而对新兴贸易壁垒与汇率之间的关系缺乏研究。

在目前的国际贸易和基本面研究中,学界对传统关税贸易壁垒等贸易壁垒政策的影响研究已日臻完善,从李嘉图古典贸易理论到赫克谢尔的资源禀赋说和俄林—萨缪尔森的要素均等化理论,对贸易政策的研究始终是贸易理论的最终落脚点,虽然在研究方法等方面存在差异,但对于关税贸易政策的评价则是相似的,即具有保护性质(或称之为歧视性质)的关税壁垒,对于相对稀缺的资源总是具有利的。Markusen(1975)[①]构建的两国双边交易模型认为关税税制结构的选择需要根据进出口商品的特性而定开始,到 Michael Hoel(1996)[②]发展出一整套较为完整的区域间贸易一般模型,并完善了关于最优关税结构设计的研究体系,关于关税贸易壁垒的宏观经济影响研究已经较为系统。

随着 21 世纪以来中国和俄罗斯先后成为世界贸易组织成员国,世界主要经济体均已基本纳入 WTO 框架内,传统的关税贸易壁垒的研究价值逐渐衰退,取而代之的是以应对全球变暖、促进节能减排共同行动为目标的气候壁垒,其中最具代表性的是以《京都议定书》等共同应对全球变暖措施为依据的边境碳税调整(Boarder Carbon Tax Adjustment)和以低碳标准标识为代表反映产品温室气体排放量的碳标签(Carbon Labelling)。随着 2012 年《京都议定书》协议的到期,以欧盟和美国为代表的西方发达国家已经开始着手制定和实施更加严格和有针对性的气候壁垒。作为最大的发展中国家,工业化快速发展的中国应该如何应对这种新形式的非传统贸易壁垒,从而既能在全球气候变化谈判中保持主动,又

---

① Markusen J., "Cooperative Control of International Pollution and Common Property Resources", *Quarterly Journal of Economics*, 1975, 89, pp.618–632.

② Michael Hoel, "Should a Carbon Tax be Differentiated across Sectors", *Journal of Public Economics*, 1996, 59, pp.17–32.

能够合理利用政策框架保护国内产业、保持人民币的国际竞争力与币值稳定性，使我国国际贸易和宏观经济不致受到过度影响，是"后京都时代"亟待解决的问题。

因此，本章第五节围绕以碳关税（边境调整型气候壁垒）和碳标签（技术型气候壁垒）为主要内容的气候壁垒对宏观经济影响的相关研究进行回顾。与均衡汇率的研究发展脉络相一致的是，学界关于此类问题的研究方法也经历了一个由局部均衡研究到一般均衡研究的过程，可计算一般均衡的方法已经成为研究此类问题最有效的工具之一。通过总结相关理论研究脉络可以发现，虽然学界对于气候壁垒的作用和影响持有不同的观点，但在理论和研究方法上存在着广泛的共识，且在模型结构上有一定的延续性与可比性。然而，以气候壁垒为研究内容的可计算一般均衡模型，往往只从考虑宏观经济基本面和经常账户的角度出发，重点关注气候壁垒对国民经济总量、贸易条件和社会福利的影响，而在气候壁垒对实际有效汇率的影响及传导机制方面的研究较少。因此，通过全球多区域可计算一般均衡模型将气候壁垒与实际有效汇率联接起来，在研究思路和方法上有一定的创新性。

第三节　均衡汇率理论的相关研究

对均衡汇率的研究由来已久，早在 20 世纪初的经济学研究中，凯恩斯和纳克斯已经给出了关于均衡汇率较为明确的定义，根据拉格纳—纳克斯[①]的定义，均衡汇率是"在国际收平衡和充分就业情况下内外部同时均衡时的汇率"，即"内外均衡同时实现时的汇率"[②]。

本节根据均衡汇率研究理论的分类及产生时间的先后顺序，就各理论的主要内容、研究方法、应用和不足展开介绍与论述。总体来说，从卡塞尔提出购买力平价以及在此基础之上发展起来的套补的利率平价（CIP）与非套补的利率平

---

①　Nurkse，R.，"Conditions of International Monetary Equilibrium"，in *International Finance*，No. 4，Princeton University，Reprinted in *A.E.A.Readings in the Theory of International Trade*，London，Allen and Unwin，1950.

②　姜波克、李怀定：《均衡汇率理论文献评述》，《当代财经》2006 年第 2 期。

价(UIP)开始,均衡汇率理论体系大致经历了宏观经济均衡分析法(Macro-Economic Equilibrium)、基本面均衡分析法(Fundamental Equilibrium Exchange Rate)、行为均衡分析法(Behavior Equilibrium Exchange Rate)、收支平衡方法(Balance of Payments Equilibrium)、实际汇率法(Equilibrium Real Exchange Rate)、自然实际汇率法(Natural Real Exchange Rate)、永久均衡法(Permanent Equilibrium Exchange Rate)和资本增强型均衡汇率法(The Capital Enhanced Equilibrium Exchange Rate)。

一、宏观经济均衡分析法(MacE)

这一理论最早由 Swan(1963)[1]提出,其重要的贡献在于,更加具体的定义了均衡汇率的概念,并在其基础之上推导出均衡汇率的形成机制。在 Swan 的研究中,均衡汇率被定义为在同时达到内部均衡与外部均衡时的汇率水平。其中,内部均衡是一种"充分就业的状态",而外部均衡是指"国际收支平衡",因此宏观经济均衡的汇率就是在同时达到国内充分就业和国际收支平衡时的汇率,用产出—经常账户图可表示为一条向下倾斜的国内产出线和一条向上倾斜的经常账户线的交点。

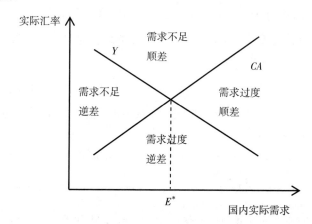

图1-1　宏观经济均衡法的均衡汇率推导示意图

---

① Swan,"Longer Run Problems of the Balance of Payments",Paper presented to Section G of the Congress of the Australian and New Zealand Association for the Advancement of Science,1963,pp.23-31.

宏观经济均衡的方法明确提出了关于达到汇率均衡时所要求的内、外部均衡的具体定义并将其与传统经济学理论相结合,将汇率与就业、产出和经常账户联系起来,形成了基本的均衡汇率理论,虽然以后的研究对内外部均衡的定义不断的扩展,不可否认的是,Swan 的理论是均衡汇率形成机制研究的发端与基础。

宏观经济均衡的方法简明扼要地给出了相关宏观经济因素变化带来的均衡汇率波动,但由于这一理论仅仅停留在定性分析,并未给出关联因素之间的程式化关系,因而无法据此展开定量研究和实现预测功能。

二、基本面均衡法(FEER)

Williamson(1983)[①]针对宏观经济均衡方法的不足,提出了可以进行定性分析的基本面均衡法,随后这一方法在大量学者的共同努力下逐渐发展成熟,如 Devaragan 和 Lewis(1990)[②]、Clark 等(1994)[③]、Bayoumi 等(1994)[④]和 Detken 等(2002)[⑤]。

基本面均衡法研究的一般思路是,将均衡汇率定义为一种“实际有效汇率”,从而使理论研究思路与宏观经济均衡方法保持一致。基本面均衡法将资本账户引入均衡汇率的决定要素中,因而是对宏观经济均衡方法的合理补充。因此,基本面均衡法对于汇率均衡时的内外部均衡分别定义为“低通胀下的充分就业”和“具有合意资本流动的经常账户可持续性余额”,此时的外部均衡表现为经常账户与资本账户之和为零。

Williamson 认为,决定经常账户的因素主要包括一个经济体的内部需求、外部需求以及均衡汇率水平,而决定资本账户的因素主要由主观选择的相关经济

---

① Williamson,*The Exchange Rate System*,Institute for International Economics,US: MIT Press,1983,pp. 110-135.

② Shantayanan Devaragan,Jeffrey C.Lewis,“Policy Lessons from Trade-Focused Two-Sector Models”,*Journal of Policy Modeling*,1990,1(4),pp.625-657.

③ Bayoumi,Tamim,Peter Clark,Steve Symansky,Mark Taylor,“The Robustness of Equilibrium Exchange Rate Calculations to Alternative Assumptions and Methodologies”,Institute for International Economics,1994.

④ Clark,P.B.,L.Bartolini,T.Bayoumi,S.Symansky(eds.),“Exchange Rates and Econometric Fundamentals: A Framework for Analysis”,IMF Occasional Paper,1994,p.115

⑤ Detken,C,Dieppe,A,Henry,J,Marin,C,Smets,F.,“Model Uncertainties and the Equilibrium Value of the Real Effective Euro Exchange Rate”,European Central Bank Working Paper,2002,p.160.

指标参考判断决定。因此,实际有效汇率可以整理成一个由内、外部需求和资本账户余额组成的函数来表示,如公式(1.1)所示,其中 Y_d 和 Y_f 分别表示国内和国外需求的均衡值,KA 表示资本账户余额的中长期均衡值。

$$ER = E(Y_d, Y_f, KA) \qquad (1.1)$$

通过表达式结构能够发现,对均衡汇率的估计需要在经常账户余额、资本账户余额和国内外贸易双方产出—需求状况估计三个板块进行分别估计,特别是资本账户余额的估计在 FEER 模型中属于完全主观判断的结果,且仅仅考虑一种在中长期固定假设下的资本账户余额是一种"不可能实现的理想状态"[①]。另外,该方法通过给定外生变量求解均衡汇率而无法模拟均衡汇率的动态调整过程,且与 Swan 的方法一样,并没有考虑到货币市场与资产市场本身的均衡问题[②]。

三、行为均衡法(BEER)

针对基本面分析中对于短、中、长期因素混淆的问题,Clark 和 MacDonald[③]提出了改进的程式化分析方法:行为均衡理论,后被 Swagel[④] 等学者进一步完善。行为均衡的基本思想是基于非套补的利率平价定理(UIP),根据理论经验得到的与均衡汇率实现关联度较高的因素按照短期、中期和长期进行归纳,再对不同类别因素的影响系数进行估计。该理论所包含的主要影响要素有:国内外"事前"实际汇率 (r、r^*)、国内外政府债务规模 ($Gdebt$、$Gdebt^*$)、贸易条件 (TOT)、巴拉萨—萨缪尔森条件 (TNT) 和国外净资产 ($NetFA$) 等,具体数量关系如式(1.2)所示。

$$BEER = f(r - r^*, Gdebt/Gdebt^*, TOT, TNT, NetFA) \qquad (1.2)$$

在分析各因素对均衡汇率的实际影响大小时,通过整理,可以将上述因素分

---

① Williamson, "Estimating Equilibrium Exchange Rates", Institute for International Economics, Washington, 1994, pp.15-19.

② 姜波克:《均衡汇率理论和政策新框架的新探索》,《东南学术》2007 年第 2 期。

③ Clark, P.B., MacDonald, "Exchange Rates and Economic Fundamentals: a Methodological Comparison of BEERs and FEERs", IMF Working paper, 1998.

④ MacDonald, R., Swagel, P., "Real exchange rates and the business cycle", IMF Working Paper forthcoming, 2000.

别归纳为 Z_1（短期因素）、Z_2（中期因素）和 Z_3（长期因素），再运用计量经济学的方法进行影响系数估计（式 1.3）。

$$ER = \alpha_1 Z_1 + \alpha_2 Z_2 + \alpha_3 Z_3 + \varepsilon_t \tag{1.3}$$

考虑了相关因素的不同影响并分类研究的思路是行为均衡法非常突出的贡献，有利于区分汇率失调性质和采取相应的调整措施（姜波克，2006）。但是从汇率理论抽离出的均衡汇率影响因素在行为均衡理论中成为相互独立的个体，虽然对于考察它们对均衡汇率的影响作用更加简约，但却忽略了理论上非常重要的内外部均衡条件。不要求内外部均衡的同时实现，成为行为均衡法与MacE、FEER 等其他均衡汇率基本理论最大的不同。

在行为均衡法基础之上，Clark 与 MacDonald（2000）提出了进一步改善的研究方法，他们通过贡萨洛—格兰杰方法对行为均衡法进行了进一步关于永久要素和短暂要素的分解，从而使估计的均衡汇率曲线更加平滑。两种方法在本质上是一致的，因此不再单独展开介绍。

四、收支均衡法（BPEER）

对行为均衡法方法的进一步改进由 Mischal（2004）[①]提出，他将基于 UIP 扩展的函数改变为基于国际收支恒等式的另一种表达形式，即在理论上要求：经常账户余额+资本账户余额+外汇储备变化额＝0。其中，经常账户余额被定义为净贸易余额和净国外资产的利息收入之和，而资本账户余额在这里被假设仅取决于实际利率的差额，一般表达函数如下：

$$BPEER = F(Y, Y^*, NetFA, r - r^*)$$

这一做法克服了行为均衡法不要求内外部同时均衡的缺陷，同时考虑流量和存量因素变化的影响，是在吸取前述研究优点的基础之上对 FEER 和 BEER 的改进。但这种方法并没有在模型结构上有更进一步的突破，BPEER 通过给定的外生变量进行均衡汇率估计，同时并没有考虑资本账户和货币市场的均衡问题，因此在模型的动态预测和宏观经济一般均衡分析方面的不足之处并没有得

---

① Mischal Rubaszek, "A Model of Balance of Payments Equilibrium Exchange Rate：Application to the Zloty", *Eastern European Economics*, 2004, 42(3), pp.5-22.

到有效的解决。

上述几种均衡汇率理论在研究方法上具有一定的共性,如引入较多外生变量,且均通过单方程形式进行估计。这种方法存在着许多不足之处,主要有以下两点:

首先,通过给定外生变量估计均衡汇率的方法无法通过模型本身进行汇率的动态预测,因此模型的操作性意义较为局限;其次,在模型的求解过程中往往借用协整的方法,使用这一计量方法虽然较为简便,但容易出现"多重解"的问题,而这一问题在均衡汇率理论体系中目前尚无较好的经济学解释。

基于对上述方法的改进的考虑,一般均衡的研究方法于 20 世纪 90 年代开始逐渐起步,最具代表性的是由 Edwards[1] 和 Stein[2](1994)先后提出的实际均衡汇率理论(ERER)和自然实际汇率理论(NAREX)。一般均衡理论考虑更加全面的市场范围,并将汇率的影响因素分为短、中、长期分别处理,模型中既有基于计量方法的外生变量,又引入了关键性的内生变量和跨期约束条件,从而实现模型的动态化。

五、实际均衡汇率理论(ERER)

实际均衡汇率理论(ERER)由 Edwards 提出,Elbadawi[3] 和 Baffes 等[4]随后对这一理论进行了完善。ERER 将均衡汇率定义为一种在内外部同时均衡时贸易品对非贸易品的相对价格水平,这一点是该理论区别于其他汇率理论最大的不同之处。在此基础上,Edwards 提出了在内外部同时达到均衡时六大影响 ERER 长期均衡汇率的因素,即贸易条件、贸易限制、技术进步、资本流动、政府部门消费的非贸易品比重以及投资占比。

---

① Edwards,S.,"Real Exchange Rate in the Developing Countries:Concept and Measurement",National Bureau of Economic Research Working Paper,1989,2950.

② Stein,J.L.,"The Natural Real Exchange Rate of the US Dollar and Determinants of Capital Flows",Institute for International Economics,1994.

③ Elbadawi,I.,"Estimating Long-Run Equilibrium Real Exchange Rates",Institute for International Economics,1994.

④ John Baffes,Ibrahim A.Elbadawi,Stefen O'Connell,"Single Equation Estimation of the Equilibrium Real Exchange Rate",World Bank,1997.

实际均衡汇率理论虽然比较全面地考虑了资产流动的影响,但因为 ERER 均衡汇率的定义并非是宏观经济分析对应的实际有效汇率,而是贸易品与非贸易品的相对价格水平,因此在模型的应用上更适于分析显示汇率的变化情况。另外,ERER 的研究出发点是针对发展中国家的研究,很重要的一个前提假设是贸易条件不变,因此并不适用于对大国经济的研究①。

六、自然均衡实际汇率理论(NATREX)

与 ERER 的长期均衡汇率相对应,自然均衡实际汇率理论(NATREX)主要研究的是中期实际均衡汇率。该理论由 Stein 于 1994 年提出和发展②,所研究的是除去周期性、国际投机资本流动和国际储备变化之外的均衡汇率。NATREX 中影响均衡汇率的经济因素主要有:国内资本密集度、劳动生产率以及国外净债权资产等,其研究的理论框架基础是国民经济恒等式: $CA = S - I$,因此 NATREX 对均衡汇率的理解与纳克斯以及传统均衡汇率理论的定义是一致的,所不同的是资本账户被引进分析,其模型基本结构可以表达为:

$$NATREX = f[k(t), F(t); Z(t)]$$

$$r(t) = r[k(t), Z(t)]$$

k、F、Z 和 r 分别表示资本密集度、国外债券集中程度、长期利率以及前文中提到的影响均衡汇率的经济因素束,其他的约束条件在此省略介绍。在分别构建产品、资产(包括债务)、劳动力市场以及模拟消费、投资和贸易行为的基础上,寻求所有市场部门和行为主体的均衡解,从而获得均衡汇率值。与 FEER 等方法不同,NATREX 的方法属于基于事实数据的"实证均衡汇率"而并非基于理论推导的"规范均衡汇率"③④,即运用该方法求得的均衡解是针对基本经济因素的变动之后各行为主体相应调整后的最优解,但就经济因素变动本身以及所导致的汇率调整结果并不一定是社会福利最大化的。

---

① 需要说明的是,在绝大多数的以国际贸易为典型代表的涉及两国经济关联的模型中,"小国模型"是一个非常普遍的简化假设。

② Stein, J.L., "The Natural Real Exchange Rate of the US Dollar and Determinants of Capital Flows", Institute for International Economics, 1994.

③ 姜波克、李怀定:《均衡汇率理论文献评述》,《当代财经》2006 年第 2 期。

④ 许少强、李天栋、姜波克:《均衡汇率与人民币汇率政策的理论研究》,复旦大学出版社 2006 年。

NATREX 在模型框架设计上的进步性非常明显,覆盖了资产部门的扩展还可以进一步根据资产规模和弹性细分为货币型与资产型市场模型。但是由于涉及的部门非常广泛,导致模型中需要估计的方程和系数过多,计算难度以及数据需求量非常大,因此实际的操作性有限;另一方面,虽然与 ERER 相比,NATREX 将汇率的定义由"长期"缩短到"中期",但对于政策最敏感的"短期"均衡汇率的影响研究,需要借助新的模型结构和研究思路进一步改善与扩展。

近年来,随着一般均衡理论的逐步成熟和计算机技术的日益发展,越来越多的研究从一般均衡的原理进行探索和扩展。Piet[①] 运用一般均衡方法研究了汇率与国际贸易的关系,在他的研究工作中针对目前已有的关于汇率稳定性与国际贸易之间的研究成果进行了非常系统的梳理工作,也成为本人在论文写作过程中一部分研究思路的基础。Andrew 等[②]发展并应用了 MULTIMOD 模型,用于测算美元和其他主要货币的均衡汇率,并认为如果美国持续增加其对外债的依赖程度,那么美元的均衡汇率将在一定时点不得不重新调整。

七、国内代表性理论研究

国内均衡汇率影响和决定理论的研究工作在本世纪初逐渐开始增多,比较具有代表性的有两类:以张晓朴[③]、林伯强[④]、卜永祥[⑤]等学者为代表的"实际均衡汇率流派"研究和以刘阳[⑥]、施建淮[⑦]等学者为代表的"行为均衡汇率流派"研究。在最新的一般均衡模型研究领域中,Meng Li 和 Liang Yang[⑧] 通过在中国 CGE 模型中构建资本部门来研究工资粘性、供给冲击以及财政和货币政策对中国经济的影响,成为较早的构建中国金融型可计算一般均衡模型的研究,但由于

---

①　Piet Sercu, Raman Uppal, "Exchange Rate Volatility and International Trade: A General-Equilibrium Analysis", *European Economic Review*, 2003, 47, pp.429-441.

②　Andrew Hughes Hallett, Christian Richter, "Estimating an Equilibrium Exchange Rate for the Dollar and other Key Currencies", *Economic Modelling*, 2004, 21(7) pp.1117-1144.

③　张晓朴:《人民币均衡汇率研究》,中国金融出版社 2001 年版,第 78 页。

④　林伯强:《人民币均衡汇率的估计与实际汇率错位的测算》,《经济研究》2003 年第 12 期。

⑤　卜永祥、秦宛顺:《关税、货币政策与中国实际均衡汇率》,《经济研究》2002 年第 5 期。

⑥　刘阳:《人民币均衡汇率及汇率动态》,《经济科学》2004 年第 7 期。

⑦　施建淮、余海丰:《人民币均衡汇率与汇率失调:1991— 2004》,《经济研究》2005 年第 4 期。

⑧　Meng Li, Liang Yang, "Rigid Wage-Setting and the Effect of a Supply Shock, Fiscal and Monetary Policies on Chinese Economy by a CGE Analysis", *Economic Modelling* 2012, 29, pp.1858-1869.

在他们的研究过程中,汇率仅仅作为一个"副产品"考虑,因此对汇率的针对性研究并没有进一步展开和深入。

为了进一步改进均衡汇率研究方法计算困难、数据可得性与可比性较弱的不足,以及部门和区域过度简化概括且多为基于历史数据的实证研究而缺乏对政策冲击的模拟研究,弥补目前一般均衡模型对于中国及其相关的主要经济体,如"金砖国家"和以美国、欧盟为代表的发达经济体研究较少的薄弱环节,本书将通过引入可计算一般均衡的方法(关于该方法的详细综述参见本章第五节),并以全球贸易分析数据库(GTAP)为基础数据,构建包含中国、其他金砖国家、美国和欧盟等主要经济体的多区域全球模型,并在此基础上,围绕均衡汇率的决定理论设置一般均衡条件模拟均衡汇率轨迹,从而:

在分析方法上,建立一个以可计算一般均衡模型为主要分析工具的、以人民币均衡实际有效汇率为主要研究内容的全球多区域 CGE 模型。

在理论研究上,通过 CGE 模型中不同情景的设置,考察潜在政策冲击对人民币实际有效汇率的影响,以及该影响通过社会核算矩阵中 57 个生产部门和主要伙伴国贸易条件的传导机制,是本书期待在理论上有所贡献之处,且本书将试图通过在"实证均衡汇率"的基础之上加入"规范均衡理论",即通过模型情景的设置找出不同政策或行为中的"目标最大化"均衡解,因此在政策建议方面的优势更加明显。

第四节　关于人民币实际有效汇率的研究

在上述均衡汇率理论研究的基础之上,学界针对人民币实际有效汇率进行了更加具体的研究工作,目前学界关于人民币升值压力的主流研究方法可大致分成基于购买力平价理论的研究、"巴拉萨—萨缪尔森"效应研究、单方程实证研究以及多方程一般均衡研究。无论何种方法,其基本的研究框架和理论基础都在上节介绍的均衡汇率理论相关研究中有所涉及。

一、购买力平价理论

对人民币汇率的重点关注始于 1994 年我国汇率并轨改革,实行以市场供求为基础的、单一的、有管理的浮动汇率制度,并以此为契机宣布人民币名义汇率一次性贬值50%[①]。在此后很长一段时间内,人民币汇率保持着与美元挂钩的紧密联系。随着我国国际贸易顺差的持续扩大和外汇储备的不断增加,有关人民币升值的讨论逐渐增多。较早的研究是基于购买力平价理论对中美两国的货币购买力进行计算,克拉维斯第一个根据计算得出1975年中美两国购买力平价约为1美元=0.46元人民币。Ren Ruoen 和 Chen Kai[②]等学者在对中国十个城市价格水平进行充分调研的基础之上,计算出1991年中美购买力平价系数比值为1:1.41,认为人民币处于升值过程,是购买力平价在人民币升值研究中的代表性成果。易纲、范敏[③]分别基于绝对购买力平价和相对购买力平价进行了研究,其计算得出的中美两国购买力平价比为1:4.2,这一比例与之前的研究相比对人民币购买力的估值相对较低,随后许多学者得出的研究结果基本维持在这一比例附近。除了对购买力平价的计算,该研究更重要的贡献在于:第一,在计算购买力平价之外,还单独考虑了剔除住房等不可贸易品后的商品购买力平价,其比例约为1:7左右,这种区分贸易部门与非贸易部门的思想与巴拉萨—萨缪尔森效应类似;第二,对购买力平价理论在汇率研究中的作用进行了比较客观的评价,即购买力平价的研究是从一种完全理想的理论状态出发,因此可能出现与现实背离而无法解释的情况,但作为一种理论规律,购买力平价在预测汇率发展趋势和人民币升值压力等方面仍具有一定价值。因此,基于购买力平价的思想,重点关注相对价格水平对均衡汇率的影响,也是本书研究实际有效汇率的重要理论基础。

二、巴拉萨—萨缪尔森效应理论

围绕巴拉萨—萨缪尔森效应(B-S效应)的汇率研究通过分析影响实际汇率的最主要因素即相对劳动生产率而对人民币升值问题进行研究。B-S效应指出,决定实际汇率的主要因素是贸易品和非贸易品的相对劳动生产率(供给

---

①　杨帆、陈明生、董继华、郭玉江:《人民币升值压力根源探究》,《管理世界》2004年第9期。

②　Ren Ruoen, Chen Kai, "An Expenditure - Based Bilateral Comparison of Gross Domestic Product between China and the United States", *Review of Income and Wealth*, 1994, 40(4), pp.377-394.

③　易纲、范敏:《人民币汇率的决定因素及走势分析》,《经济研究》1997年第10期。

面），这一研究思路最早由巴拉萨和萨缪尔森提出，并通过 12 个国家数据得到了较好的实证检验结果。然而，大多数早期的 B-S 效应研究由于缺少合适的劳动生产率变量，往往只能借用人均收入等替代变量来代表各国劳动生产率，如 Bergin 等人[①]对 142 个国家截面数据的研究等。由于替代变量和样本的选择问题，相同的研究方法在验证 B-S 效应有效性方面存在许多差异，如 Rogoff[②] 等学者通过对不同经济发展水平国家的分类研究发现，B-S 效应在发达国家和欠发达国家中分别验证时的解释力较弱，相对劳动生产率与实际汇率并不具有显著的关联性。即使同样针对亚洲发展中国家和地区，Ehsan 和 Moshin 等[③]、Imed 和 Rault[④] 的研究结论却是相反的，前者对 1976—1994 年面板数据的研究证明，长期 B-S 效应在发展中国家是存在的，而后者通过 1983—1998 年的数据分析说明 B-S 效应在亚洲发展中国家并不成立。除国别和地区比较研究外，B-S 效应理论在单个国家实际汇率分析中的应用也非常广泛，如波兰和拉脱维亚等。

B-S 效应理论用于解释人民币升值和实际汇率的研究在本世纪初开始出现，其中多数研究结果均显示 B-S 效应在我国是成立的，随着我国贸易部门劳动生产率的快速提高，人民币始终存在较大的升值压力（王维[⑤]；Frankel[⑥]；卢锋[⑦]）。目前以 B-S 效应理论为基础的人民币均衡实际汇率研究主要存在以下不足之处：第一，从方法角度而言，相对劳动生产率度量指标的代表性和适用性问题，常用的作为劳动生产率的衡量指标包括人均收入、平均劳动工资、部门相对价格以及部门工业增加值与就业人数之比等，不同指标在代表性和准确性方面各有所长，而由于缺乏统一的标准，各种研究的结论可比性较差，也很难在观

---

① Bergin Paul, Reuven Glick, Alan M. Taylor, "Productivity, Tradability, and the Long - Run Price Puzzle", NBER, 2004.

② Rogoff Kenneth, "The Purchasing Power Puzzle", *Journal of Economic Literature*, 1996, 34 (2). pp. 647—668.

③ Eshan U. Choudhm, Moshin S. Khan, "Real Exchange Rate in Developing Countries: Are Balassa-Samuelson Effects Present", IMF Working Paper, 2005.

④ Imed Drine, Christophe Rault, "Does the Balassa-Samuelson Hypothesis Hold for Asian Countries? An Empirical Analysis Using Panel Data Cointegration Tests", 2003.

⑤ 王维：《相对劳动生产率对人民币实际汇率的影响》，《国际金融研究》2003 年第 8 期。

⑥ Frankel Jeffery, "On the Renminbi: The Choice Between Adjustment Under a Fixed Exchange Rate and Adjustment under a Flexible Rate", Harvard University Working Paper, 2004.

⑦ 卢锋：《我国劳动生产率增长及国际比较（1978—2004）——人民币实际汇率长期走势研究》，北京大学中国经济研究中心 2006 年版。

点上达成一致。第二,从理论角度而言,以相对劳动生产率为基础的 B-S 假设是从生产部门也就是供给的角度出发进行的分析,认为供给面是决定国家间实际汇率的根本因素,这种假设有一定的理论基础,模型的稳定性与数据的可得性也相对较好。但是,如果将仅考虑供给面的 B-S 效应理论作为推演实际汇率、估算人民币汇率失衡和人民币升值压力的标准,则会由于缺少对需求市场的模拟而有失偏颇,因此可以说传统的 B-S 效应理论是一种局部均衡的研究方法。随着对市场的全面认识和一般均衡理论的发展,通过一般均衡方法对人民币均衡汇率的研究逐渐增多。

三、单方程实证研究

基于均衡汇率理论的研究方法通过构造方程或方程组模拟一般均衡条件,从中求得在内外部市场同时均衡时的汇率水平,判断汇率失调程度和货币升值(贬值)压力。与均衡汇率理论相对应,人民币的一般均衡研究可大致分为基于均衡汇率理论的单方程实证研究和一般均衡模型研究。

简约一般均衡框架下的单方程实证研究主要包括基于行为均衡理论的研究和基于基本面均衡汇率理论的研究等。两种理论的主要研究方法和思路已在均衡汇率理论文献回顾中进行介绍,张晓朴[1]和林伯强[2]分别比较了两种方法,基于行为均衡理论的研究所建立的回归方程更加简化,且区分了短、中、长期的因素,从而降低了实证分析的难度,然而将各类因素进行归并和概括的方程无法区分实际汇率变动的原因,是与基本面均衡理论相比的不足之处。在研究结论方面,人民币汇率失调呈现明显的阶段性特征,张晓朴[3](2000)对 1978—1990 年的人民币实际有效汇率错位程度进行了计算,认为在 20 世纪最后三十年中,人民币实际有效汇率经历了两次低估与三次高估,低估的主要原因是人民币汇率改革框架下人民币的贬值,而高估的原因主要是 20 世纪 80 年代末我国通货膨胀率上升以及 90 年代中后期的亚洲金融危机。随后的许多研究在这一研究的

---

①　张晓朴:《人民币均衡汇率研究》,中国金融出版社 2001 版,第 78 页。
②　林伯强:《人民币均衡汇率的估计与实际汇率错位的测算》,《经济研究》2003 年第 12 期。
③　张晓朴:《均衡与失调:1978—1999 人民币汇率合理性评估》,《金融研究》2000 年第 8 期。

基础上对其模型进行了扩展和完善(施建淮、余海丰①;张静、汪寿阳②;王维国、黄万阳③;赵登峰④)。林伯强⑤(2003)对1955—2000年的数据进行计量分析的结果显示,人民币汇率在改革开放以后长期处于被低估的状态,仅在亚洲金融危机时期被高估,而后在2000年被迅速扭转。张斌⑥(2003)对1992—2002年的数据分析结果同样认为人民币在1995—1998年期间被高估了,除此之外的大部分时间段内,人民币均存在着升值的压力。总体而言,除少数研究外⑦,20世纪90年代人民币的升值压力和亚洲金融危机对人民币失调的影响成为简约一般均衡框架下单方程实证研究的主要结论。

单方程实证方法在操作性和预测性等方面有明显的优势,然而,与多方程一般均衡的研究方法相比,其不足之处主要体现在:第一,偏重于对宏观经济的概括性而非描述性,无法具体模拟部门差异,即使考虑到贸易部门和非贸易部门的差别,由于此类方法在模型框架上的限制,无法对主要生产部门进行细化分析;第二,政策模拟的难度较大,无论是行为均衡理论还是基本面均衡理论,在模拟和量化政策冲击和影响时都比较困难,基于历史数据的单方程实证方法在分析已发生时段的均衡汇率问题时表现更好,而对潜在的政策实施效果的模拟较弱;第三,侧重于国内市场分析,即使存在表示国内与国际联系的贸易条件、巴拉萨—萨缪尔森效应等因素被纳入到单方程考虑的因素中,但是该方法无法进一步从供给和需求侧角度具体地模拟全球其他重要经济体的经济行为,因此更像是以中国为视角的均衡状态。另外,众多单方程实证研究所采用的样本数据集中于20世纪90年代,有关2008年美国"次贷危机"和全球金融海啸对人民币汇率影响的分析仍较少⑧,因此在新的全球经济环境下继续探讨人民币汇率失调和人民币升值压力是十分必要的。

---

① 施建淮、余海丰:《人民币均衡汇率与汇率失调:1991—2004》,《经济研究》2005年第4期。
② 张静、汪寿阳:《人民币均衡汇率与中国外贸》,高等教育出版社2005年版,第74—86页。
③ 王维国、黄万阳:《人民币行为均衡汇率模型研究》,《财经科学》2005年第2期。
④ 赵登峰:《人民币市场均衡汇率与实际均衡汇率研究》,社会科学文献出版社2005年版,第116页。
⑤ 林伯强:《人民币均衡汇率的估计与实际汇率错位的测算》,《经济研究》2003年第12期。
⑥ 张斌:《人民币均衡汇率:简约一般均衡下的单方程模型研究》,《世界经济》2003年第11期。
⑦ 刘莉亚、任若恩:《用均衡汇率模型估计人民币均衡汇率的研究》,《统计研究》2002年第5期。
⑧ 一种解释是由于金融危机是否完全度过尚存疑问,因此目前的分析可能不能完全把握住整体趋势和影响因素。

四、一般均衡模型研究

一般均衡框架下的汇率研究通过构建一般均衡模型来分析不同国家价格水平在不同时期的相对变化情况,剔除通货膨胀因素后,这一价格水平比值即均衡状态下的实际汇率水平。该方法在模拟实体经济和政策仿真方面的效果更好,但是由于其计算难度较大、数据要求较高,因此在很长一段时间内发展较慢,且用于研究人民币问题的成果很少。目前学界利用一般均衡模型研究人民币汇率的代表性文章有卜永祥、Rod[1] 运用扩展的 Devarajan-Lewis-Robinson（DLR）三商品一般均衡模型对 1987—1998 年人民币实际有效汇率的分析,以及卜永祥、秦宛顺[2]运用动态一般均衡模型分析 1990—2000 年关税减让和货币政策对人民币实际均衡汇率的影响等。根据模型得到的均衡实际有效汇率水平,作者认为亚洲金融危机之前人民币汇率被低估了;而在政策效果模拟方面,研究认为基于 20 世纪 90 年代我国经济发展状态,从长期均衡角度而言,降低中国关税水平会导致人民币的贬值压力增大。另外,孙茂辉[3]基于自然均衡汇率理论构建的人民币自然均衡实际汇率结构方程,其本质也是一种考虑了基本经济因素的一般均衡方法,其结果显示在本世纪初的几年中,人民币币值被低估,但汇率失调程度和人民币升值压力趋于收敛。但是与均衡理论研究方法相似,通过一般均衡方法对人民币实际有效汇率的研究在模型结构上有待改进,且缺少对潜在政策的模拟分析。

基于目前关于人民币汇率失调的一般均衡模型研究现状,本书认为,通过可计算一般均衡模型(CGE)研究人民币均衡实际有效汇率,从而判断人民币汇率失调程度与人民币升值压力的思路,是对现有研究的合理改进:

首先,在理论基础方面,根据可计算一般均衡模型得出在理论均衡状态下的实际汇率是对均衡汇率理论中的自然均衡汇率研究方法的合理改进,建立起连接隐性贸易壁垒对人民币实际有效汇率影响的理论机制,在分别构建产品、资

---

[1]　卜永祥、Rod Tyers:《中国均衡实际有效汇率:一个总量一般均衡分析》,《经济研究》2001 年第 6 期。

[2]　卜永祥、秦宛顺:《关税、货币政策与中国实际均衡汇率》,《经济研究》2002 年第 5 期。

[3]　孙茂辉:《人民币自然均衡实际汇率:1978—2004》,《经济研究》2006 年第 11 版。

本、劳动力市场以及模拟消费、投资和贸易行为的基础上,寻求所有市场部门和行为主体的均衡解,从而获得均衡汇率值。

其次,在研究方法方面,可计算一般均衡模型从结构设置上对前期一般均衡模型进行了扩展和修改:第一,建立基于 GTAP 数据库的 57 个生产部门,是对传统一般均衡方法中商品部门较少且过于概括的改进;第二,基于历史数据设置关税,并模拟气候壁垒,弥补了传统模型不考虑关税和非关税壁垒因素的局限;第三,通过贸易价格动态内生从而对传统一般均衡方法的"小国经济"假设进行改进等;第四,通过涉及建立中国、美国、欧盟、日韩、印度、俄罗斯等多个国家和地区的模型,对传统一般均衡方法仅设置两国经济的框架进行改进。因此,使用可计算一般均衡模型对人民币实际有效汇率的研究具有方法上的延续性和创新性。

第五节　气候壁垒的 CGE 研究

一、气候壁垒在国际贸易领域的兴起

在上述有关均衡汇率理论和人民币实际有效汇率的研究方法中,主要的不同体现在各自建立的模型结构方面。而另一方面,与模型结构同样重要的是实际有效汇率影响因素的选取和检验,不同的研究方法在影响因素设计方面存在许多差异。然而无论是基本面均衡、行为均衡还是自然均衡实际有效汇率理论,都包含了对以下两个方面的直接或间接肯定,即对外贸易(国别)结构和相对价格水平[1]。而在影响相对价格水平和贸易国别结构的因素中,传统关税贸易壁垒在过去很长一段时间内成为学界讨论的重点问题,例如卜永祥、秦宛顺[2]的研究表明,2001 年后我国对外贸易关税水平的降低使人民币的贬值压力有所增大。

因此,在均衡条件下考察贸易条件及其改变导致实际有效汇率变化的研究

---

① 张晓朴:《人民币均衡汇率的理论与模型》,《经济研究》1999 年第 12 期。

② 卜永祥、秦宛顺:《关税、货币政策与中国实际均衡汇率》,《经济研究》2002 年第 5 期。

中,贸易政策或贸易壁垒始终是学界关注的重点。随着 WTO 范围的逐步扩大,传统的关税贸易壁垒的重要性开始减弱,取而代之的是以应对气候变化、促进各国共同采取节能减排行动为目标的"气候壁垒",最具代表性的是"碳关税"和"碳标签"。其中碳关税也被称为边境碳税调整措施(Boarder Carbon Tax Adjustment),这一研究理论最初是由 Barthold① 从边境关税调整措施引申而来(Boarder Tax Adjustment)。

随着 2012 年《京都议定书》协议的到期和欧盟碳排放权交易体系第三阶段倒计时的开始,美国和欧盟均已着手制定强力政策,出于应对全球变暖趋势的考虑在适当时点对非"可比减排努力"②国家或地区采取边境碳税调整措施。美国《Boxer-Lieberman-Warner 气候安全法案》(2006,S. 3060)规定,从 2014 年开始,凡从未采取可比较气候措施国家出口商进口产品的进口商必须向国际储备津贴项目购买排放权津贴。美国《清洁能源与安全法案》(2009)规定,若美国主要出口商从那些"未采取与美国相称的温室气体减排义务"的国家进口碳排放密集型产品,那么这些进口商必须自愿收购其相应的碳排放配额。欧盟委员会(2006)提出"关于其可能实施一种公平碳税系统,从而可以使欧盟与非欧盟成员国处于可比基础之上"。

目前关于气候壁垒对实际有效汇率影响的研究为数较少,而在定量研究方面,由于气候壁垒尚未在全球范围内实行,缺乏历史数据而无法进行实证研究,因此学界对气候壁垒对实际有效汇率的定量分析鲜有涉足。有鉴于此,找出能够有效模拟气候壁垒政策对汇率冲击影响的研究工具,建立气候壁垒及其对实际有效汇率影响的桥梁,弥补实际有效汇率一般均衡模拟研究的不足,是本书研究的出发点和逻辑主线。

二、可计算一般均衡模型(Computable General Equilibrium)

可计算一般均衡模型最早由 Johansen 于 1960 年提出③并用于分析挪威

---

① Thomas A.Barthold,"Issues in the Design of Environmental Excise Taxes", *Journal of Economic Perspectives*,1991,8(1),p.133.

② The Comparative Efforts Towards Climate Mitigation and Adaptation in Domestic and Abroad.

③ Peter B.Dixon,"Ohansen's Contribution to CGE Modelling",Centre of Policy Studies Monash University: General Paper,2010.

1950 年左右的投入产出表(Input-Output Table)。在其著作中,Johansen 针对挪威经济,设计了一个包含 22 个生产部门和 1 个居民部门的 MSG 模型,生产部门厂商以成本最小化为生产目标,居民部门(家庭)以自身效用最大化为目标,通过这些设定形成"一般"经济学意义的框架;价格在模型中是内生的,通过寻求模型中同时满足所有经济主体目标函数的解,从而最终实现使得所有市场供需平衡的"均衡"状态;由于模型的基础数据是反应国民经济实际运行指标的投入产出表,因此是一种"可应用"于实际经济分析的模型,或者说具有"可计算"实际经济数据的特性——可计算一般均衡模型由此得名。

Johansen 的 CGE 模型在很多方面吸收了 Leontief[1][2] 的投入产出模型中对 I-O 表的使用,同时借助了 Sandee、Manne 和 Evans 等学者关于经济学编程计算模型的方法,但无论是投入产出模型还是编程模型,都没有能够像 CGE 模型这样"对所有市场主体行为进行清晰地描述"[3]。因此,具有一般理论分析框架、通过内生变量实现市场均衡、通过程式化目标函数规范所有市场主体行为和基于实际经济数据是可计算一般均衡模型的主要特征。

在 MSG 模型问世后,许多学者陆续地进行了应用和改进,由于模型框架的完整性与灵活性,CGE 的方法很快被引入到对贸易政策的分析中,最具代表性的是由 Dixon 等[4][5]所建立的 ORANI 模型,他在模型中首次引入了 Armington 不完全替代弹性假设,从而解决了长期困扰贸易模型的核心难题。

ORANI 模型在澳大利亚政策分析领域取得了巨大的成功,并被逐渐传播到世界其他地区,成为重要的 CGE 模型基础,随后的一些模型框架更加接近现今

① Leontief, Wassily W., "Quantitative Input and Output Relations in the Economic System of the United States", in *The Structure of American Economy*, 1919-1939 (White Plains, NY: International Arts and Sciences Press, 1951), 1936.

② Leontief, Wassily W., *The Structure of American Economy*, 1919-1939: *An Empirical Application of Equilibrium Analysis*, Oxford University Press, 1941, pp.86-107.

③ Peter B.Dixon, "Johansen's Contribution to CGE Modelling", Centre of Policy Studies Monash University: General Paper, 2010.

④ Dixon, Peter, Brian Parmenter, John Sutton, Dave Vincent, *ORANI: A Multisectoral Model of the Australian Economy*, 1982, pp.110-123.

⑤ Dixon, Peter, Brian Parmenter, Alan Powell, Peter Wilcoxen, "Notes and Problems in Applied General Equilibrium Economics", *North Holland*, 1992, pp.287-230.

的 CGE 模型,其中以 Stael[①] 的研究最具代表性。如今,世界范围内针对不同区域范围(全球、全国、分地区)和不同研究对象的 CGE 模型家族日益发展壮大,其中以普渡大学全球贸易分析中心开发的 GTAP 模型[②]最为著名,所要强调的是,GTAP 不仅提供了一个较为一般的以全球多区域贸易为主要研究对象的 CGE 框架,更蕴含了丰富的全球经济数据,关于数据内容及应用将在本书第三部分详细介绍。

CGE 庞大的结构设计要求对非常复杂的 N 元 M 次方程组求解,因此必须借助于现代计算机技术,在专业代码编程的基础之上"订制化"运算求解,在模型发展初期,这种要求无论是在研究精力和资源投入上都是非常巨大的,且由于各种算法差异较大,往往使得计算过程不可比,成为"黑箱"。近年来,以 GAMS[③]为代表的通用计算机语言在 CGE 运算领域得到了广泛的应用,使该领域的研究更加标准化和简便化。

用 CGE 的方法分析贸易政策和贸易条件的改变,已经成为该研究领域应用最广泛和成功之处,近年来,随着温室气体减排政策呼声的不断高涨,利用 CGE 方法分析边境碳税调整措施的研究逐渐兴起和发展起来。

三、气候壁垒的 CGE 研究

气候壁垒的种类有很多,目前最常见和呼声最高的形式是以碳关税为代表的"边境碳税调整",以及以低碳标准标识为代表的"碳标签"。本节以边境碳税调整为例对气候壁垒相关研究进行整理回顾,关于碳标签的文献综述将在技术型气候壁垒章节中详细介绍。对于一国政府而言,边境碳税调整措施具有非常大的吸引力:一方面,传统的关税壁垒很难继续在 WTO 的框架下发挥作用,因此以温室气体减排为"共同责任"的边境碳税调整措施成为在 WTO 关税与贸易总协定(GATT)和联合国《气候变化框架公约》(UNFCCC)规范下更加可行的保

①　Staelin, C.P., "A General Equilibrium Model of Tariffs in a Non-Competitive Economy", Journal of International Economics, 1976, pp.39-63.

②　Hertel, T., "Taking IMPACT Abroad: the Global Trade Analysis Project", Amsterdam: IFAC Meetings on Computational Methods in Economics and Finance, 1994, 7(8), p.26.

③　Rutherford Thomas F., "Extension of GAMS for Complementary Problems Arising in Applied Economic Analysis", Journal of Economic Dynamics and Control, 1995, 19, pp.1299-1324.

护国内产业竞争力和社会福利的选择[1][2]。

有关边境碳税调整的合法性问题，学界已有大量讨论和研究成果。反对的观点认为碳关税等气候政策违反了 WTO "国民待遇" 和 "最惠国待遇" 原则，是变相的国际贸易壁垒；而支持者则认为以应对全球变暖为目标的气候政策可以根据 GATT 中的 "一般性例外" 条款[3]得到豁免，具体的合法性分析在此不做详细展开。然而，促使一国是否实施气候壁垒的根本因素是国家利益，因此只有全面掌握气候壁垒对本国可能带来的经济、金融、社会等各方面利益与风险，才能在气候谈判过程中据理力争，合理地制定和应对气候壁垒政策。

由于边境碳税调整的执行必须以 "共同减排为目标"，因此在各国未达成完全一致的行动共识之前，对碳税调整的研究需要与其他 "可比较" 的温室气体减排措施相结合，在目前的理论和可行范围内，与边境碳税调整措施联系最为密切的是以欧盟碳排放权交易机制（EU ETS）为代表的配额交易制度，大多数对于温室气体减排类贸易壁垒政策的分析都是基于两种措施效果的比较研究为出发点的。本节就 CGE 方法下的边境碳税调整措施及其可比较措施效果进行回顾。

对贸易关税的研究由来已久，Markusen[4]通过两国双边贸易模型研究表明，（替代性最优）税制结构的设计选择必须根据进出口商品的特性而定，在这一理论基础上，配合在欧洲实行已久的 "环境税"，为在关税设计中针对高耗能产品征收碳税提供了理论基础。如 Barthold[5]曾提出对于环境消费税的一系列设计构想，并认为可以对进口产品征收环境税；而 Poterba 使用规模报酬不变的两国联合生产模型对边境碳税调整进行了研究，其结果表明，由于联合生产导致碳足迹追踪的不确定性，边境调整对本国和贸易国的边际成本影响程度依赖

---

① R.Ismer, K.Neuhoff, "Border Tax Adjustments: A Feasible way to Address Nonparticipation in Emission Trading", Working Papers in Economics CWPE 0409, 2004.

② J.Andrew Hoerner, Frank Muller, "Carbon Taxes for Climate Protection in a Competitive World", A Paper Prepared for the Swiss Federal Office for Foreign Economic Affairs, 1997.

③ GATT 第 20 条（b）款为保障人类、动植物的生命或健康所必需采取的措施；（g）款与保护可耗竭的自然资源有关的措施且要与国内限制生产和消费的措施一同实施。

④ Markusen J., "Cooperative control of international pollution and common property resources", *Quarterly Journal of Economics*, 1975, 89, pp.618-632.

⑤ Thomas A.Barthold, "Issues in the Design of Environmental Excise Taxes", *Journal of Economic Perspectives*, 1991(8), p.33.

于具体市场条件,没有简单、统一的边境碳税调整设计规律可循。Barthold 与 Poterba 的研究在该领域中较早地正式引用了边境税收调整的方法应对全球变暖。

　　Michael Hoel[1] 将 Markusen 的理论发展为完整的一般贸易模型,并将居民部门的效用定义为消费效用所得与全球碳排放环境成本之差,Hoel 得出的最优关税设想能够达到如下效果:通过减少进口从而在整体上降低进口商品价格,改善本国贸易条件,同时减少国外商品的供给量以致降低国外碳排放量。这一研究的主要贡献是,将全球变暖表示为一种由生产过程产生的、所有区域共同承担的、对居民效用有负相关性影响的变量。Christoph[2][3] 运用 CGE 的方法,构建了一个包含 7 部门、11 个区域的全球模型,分别针对东欧和前苏联由于经济衰退引起的排放配额大量剩余的"热气"(hot air)现象以及欧洲 EU ETS 体制对边境碳税调整的影响进行了研究,其研究表明,若 ETS 范围扩大到全球,在效率和福利上的效果是最优的,但这明显在可预见的范围内在经济上和政治上都无法实现,就目前阶段而言,对于实行 ETS 的地区(如欧盟),边境碳税调整是最优选择,而对于中国等非配额交易体制内的国家而言,更倾向于选择基于产出的出口退税措施来履行减排任务,一个经济体各生产部门规模的大小和原始竞争力的强弱是影响不同国家政策选择的决定性因素(size matters)。Alexeeva 等[4]建立的程式化两国 CGE 模型进一步强化了对边境碳税调整的分析,他们的观点是,边境碳税调整对于保护国内产业竞争力方面更有效,而 ETS 则在减少国外碳排放量方面更加成功。此外,Ismer[5](2004)通过一种局部均衡的研究方法得出结论,认为在 ETS 前提下的边境碳税调整可以有效提高 ETS 的运行效率,具有更

---

[1]　Michael Hoel, "Should a Carbon Tax be Differentiated across Sectors", *Journal of Public Economics*. 1996, 59. pp.17-32.

[2]　Christoph Böhringer, "Cooling Down Hot Air: A Global CGE Analysis of Post-Kyoto Carbon Abatement Strategies", Center for European Economic Research Working Paper, 1999.

[3]　Christoph Böhringer, Carolyn Fischer, Knut Einar Rosendahl, "Cost-Effective Unilateral Climate Policy Design: Size Matters", Statistics Norway: Research Department, 2011.

[4]　Victoria Alexeeva-Talebi, Niels Anger, Andreas Lösche., "Alleviating Adverse Implications of EU Climate Policy on Competitiveness: The Case for Border Tax Adjustments or the Clean Development Mechanism", ZEW Discussion Paper, 2008.

[5]　R. Ismer, K. Neuhoff, "Border Tax Adjustments: A Feasible way to Address Nonparticipation in Emission Trading", Working Papers in Economics CWPE 0409, 2004.

加明显的经济意义。Babiker[①], Lessmann[②] 和 Carolyn[③] 也分别通过建立全球多区域一般均衡模型的研究,肯定了边境碳税调整在抑制产出衰减、保护产业竞争力、提高整体福利和促进节能减排等方面的作用。

上述大部分研究都得到了边境碳税调整积极效果的结论,然后另一部分学者的研究结果则持相反观点:Lockwood 用"新瓶装旧水"的比喻诠释了他的研究结果,他认为边境碳税调整的产生和作用并非新生事物,究其本质而言,与传统的增值税手段等并无不同,McKibbin[④] 运用其全球一般均衡模型 G-Cubed 研究表明,虽然边境碳税调整对防止碳泄漏有明显的作用,但对于保护国内产业竞争力和福利损失等,与其调整成本相比收效甚微,值得一提的是,该模型通过建立金融模块研究发现,虽然边境碳税调整措施对本区域贸易情况与经常账户的影响存在差异,但在金融层面均会导致本区域货币升值的结果。Alexeeva[⑤] 将边境碳税调整与另外一种温室气体减排措施——清洁发展机制(Clean Development Mechanism)进行了比较,他认为更灵活的 CDM 在保护国内企业竞争力的作用方面比边境碳税调整的效果更好。

新世纪以来,这一问题的热议由奥巴马政府颁布新的能源安全法令而再次高涨,Krugman 认为,边境碳税调整的实行有其背后的经济学意义,并与配额和交易机制相关,他认为任何激烈措施都应该反应温室气体减排的边际成本,无论这种措施发生在哪里,因此他肯定了美国对边境碳税调整的推行政策。与此同时,另外一名著名经济学家 Friedman 认为,虽然在学理上可行,但边境碳税调整的付诸实施必须寻求一个广泛的共识,特别是美国与中国和其他"金砖国家"为代表的新兴经济体的共识从而根据统一标准平等各国的减排义务,因此他更多

---

① Mustafa H.Babiker, "Climate change policy, market structure and carbon leakage", *Journal of International Economics*, 2005, 65, pp.421-445.

② Kai Lessmann, Robert Marschinski, Ottmar Edenhofer., "The Effects of Tariffs on Coalition Formation in a Dynamic Global Warming Game", *Economic Modelling*, 2009, pp.641-649.

③ Carolyn Fischer, "The Global Effects of Subglobal Climate Policies", Energy Policy Symposium: Distributional Aspects of Energy and Climate Policy, 2010.

④ Warwick, J.Mckibbin, Peter J.Wilcoxen, Nils Axel Braathen, (Tom) Hu Tao, "The Economic and Environmental Effects of Border Tax Adjustments for Climate Policy", Brookings Trade Forum, Climate Change, Trade, and Competitiveness: Is a Collision Inevitable?, 2008-2009, pp.1-34.

⑤ Victoria Alexeeva-Talebi, Andreas Löschel, Tim Mennel, "Climate Policy and the Problem of Competitiveness: Border Tax Adjustments or Integrated Emission Trading", Center for European Economic Research (ZEW), Discussion Paper, 2008.

地表示了对边境碳税调整的担忧。近几年关于边境碳税调整的研究更多地关注以中国和金砖国家为代表的新型发展中国家和地区,Michael Hubler[1] 建立了一个三区域全球 CGE 模型系统分析了边境碳税调整对中国和发展中国家的影响,并通过动态增长的外生指标完成模型的动态化预测,并得出结论:对于目前的中国而言,保持在 ETS 体制之外所带来的福利收益最大,而这种情况下的边境碳税调整将会使得中国的经济条件恶化,但这一结论并不适用于其他发展中国家。

通过上述相关研究成果的梳理可以发现,尽管学界对于边境碳税调整的观点尚未统一,通过 CGE 的方法分析边境碳税调整的宏观经济影响已成为该领域研究发展的主流趋势。但是,本书认为,目前的研究在下两方面有待进一步完善:

首先,目前研究的焦点更多的集中在"南南合作"与"南北对话"[2],表现为以"伞形国家"为代表的发达国家集团和以"基础四国"[3]为代表的新兴发展中国家力量。但是,同时针对新兴发展中国家(如"金砖国家")之间以及发展中国家和发达国家间的全球 CGE 模型研究目前还比较薄弱。更为重要的是,目前还没有文章专门通过 CGE 模型模拟在不同气候变化谈判阶段,由于谈判结果和行动一致性的差异导致对各国宏观经济的差别影响。

其次,目前边境碳税调整影响的分析主要集中在对宏观经济基本面的影响,如经济总量、部门产出、价格水平、社会福利损失和节能减排效果等,而对实际有效汇率等金融领域的分析较少,这与 CGE 特别是针对发展中国家的 CGE 模型结构特点有关[4]。基于这一认识,本书在以下方面进行尝试性研究:

在方法上,通过构建一个针对中国和其他金砖国家的全球 CGE 模型,由于气候壁垒的实施主要依托能源消耗和相关温室气体排放,因此重要的经济体和能源消费国也在模型中进行单列。另外,本书将重点分析均衡实际有效汇率的

---

① Michael Hubler, "Carbon tariffs on Chinese exports: Emissions reduction, threat, or farce?", *Energy Policy*, 2012, 50, pp.315-327.

② 这里借用传统意义的词汇,意为发达国家与发展中国家在减排措施的对话谈判以及发展中国家在减排过程中的共同努力和方法创新。

③ 有关气候谈判利益集团的区域划分将在本书第二章模型区域设置中进行详细解释。

④ Meng Li, Liang Yang, "Rigid Wage-Setting and the Effect of a Supply Shock, Fiscal and Monetary Policies on Chinese Economy by a CGE Analysis", *Economic Modelling*, 2012, 29, pp.1858-1869.

变化情况,在气候壁垒对实体经济影响的基础之上进一步分析边境碳税调整对宏观金融面的影响。

在理论上,通过不同政策情景的设计,模拟不同阶段气候谈判过程中(谈判失败/折中/成功),以边境碳税调整为代表的气候壁垒通过部门产出、贸易条件和资本积累行为等不同传导机制对均衡汇率的影响,分析气候壁垒对均衡实际有效汇率的影响,判断人民币失调程度及国际国内应对措施。

第六节　文献综述小结

基于对均衡汇率理论、人民币实际有效汇率研究以及气候壁垒的 CGE 研究的系统梳理,本书认为利用可计算一般均衡模型分析气候壁垒对人民币实际有效汇率影响的研究思路具有理论上的延续性和研究上的创新性。

从均衡汇率理论研究的角度,利用 CGE 模型研究实际有效汇率问题,是对现有均衡汇率研究方法的改进:CGE 模型的商品价格(国内商品和贸易商品)均为内生给定的,因此突破了前期多数研究中"小国经济"的假定;利用 GTAP 数据库 56 部门、140 多个国家社会核算矩阵,是对传统一般均衡方法仅有两国家、三商品部门等概括性描述的改进,且所有国际贸易均为各国之间两两对应关系,能够更加深刻地刻画国际经济运行;所有价格数据均为已剔除通货膨胀因素后的实际价格,能够更加明确地刻画部门产出、需求、贸易和投资流。

从实际有效汇率影响因素的角度出发,本书的研究方法能够重点关注气候壁垒作为影响相对价格水平和贸易国别结构的重要因素对实际有效汇率产生的政策冲击,通过 CGE 的政策模拟功能,能够弥补现实中未实行气候壁垒导致实证领域缺乏历史数据而无法进行隐性政策研究的不足之处。

从气候壁垒政策研究的角度出发,本书在两方面弥补了目前气候壁垒政策研究领域的短缺:第一,模拟不同气候谈判进展情景下的政策效果差异;第二,运用 CGE 模型分析气候壁垒对均衡实际有效汇率的影响,并通过汇率指数 LMDI 分解,进一步分析气候壁垒对实际有效汇率的传导机制。

从实际应用和贡献的角度出发,本书是科技部国家科技支撑计划项目"绿色贸易壁垒对中国经济的影响:定量分析研究"(吴力波,2012)以及《金砖国家贸易投资十年展望报告——不同贸易条件和政策情景下的贸易与投资分析预测》(尹翔硕,2012)的重要组成部分。希望通过本书的研究,为金融、贸易和宏观经济政策制定者提供基于经济环境与现状的可行性建议。

第二章 全球 CGE 模型的理论基础与模型结构

第一节 CGE 模型的理论基础

一、模型简介与一般特征

可计算一般均衡模型(简称 CGE 模型)最早提出于 1960 年,由 Johansen 针对挪威投入产出表的研究开始,在 20 世纪 80 年代被大量引入对贸易政策的分析,目前已成为实证经济学分析的重要工具。随着模型的发展、数据可得性的改善以及计算机技术的进步,CGE 模型在政策分析工作中的重要性不断增强。近年来,随着国家间数据的日益完善,越来越多的 CGE 模型在单国家(区域)模型的基础上,逐渐发展成为多国、多区域模型,或在全球模型的基础之上细化地区分类。

作为政策影响的量化模拟工具,CGE 模型对各国政策在经济、贸易和金融等方面的政策制定与效果预测产生了广泛的影响,涉及国际贸易[1]、结构调整、公共财政[2]、农业发展、收入分配以及能源环境政策等诸多方面[3]。

一个标准的 CGE 模型具有一系列用于反映发达国家和发展中国家各自特点的特征,且符合新古典结构建模的要求[4]。其中多数 CGE 模型中的"市场"和

---

[1] 如北美自贸区问题。

[2] 如美国、印度等国家财政税收边际成本的测算。

[3] Shantayanan Devarajan, Sherman Robinson, "The Influence Of Computable General Equilibrium Models On Policy", International Food Policy Research Institute, TMD Discussion Paper, 2010, 98.

[4] Dervis, K., J. de Melo, S. Robinson, *General Equilibrium Models for Development Policy*, Cambridge University Press, 1982.

"价格"表示剔除通货膨胀因素之后的实际市场和实际价格,货币在模型中仅作为流通手段而存在。此外,对于模拟发展中国家市场结构的 CGE 模型而言,其特征主要包括:考虑居民部门对家庭产品的消费、交易成本的明确以及对生产活动和产品的分离[①]等。

二、社会核算矩阵与全球贸易数据库

社会核算矩阵(The Social Accounting Matrix)是校准 CGE 基准情景的数据库。所谓社会核算矩阵(简称 SAM 表),是一种综合的、经济范畴的数据结构表格,通过矩阵的形式反映一国经济的运行。在 SAM 表中,每个国民经济账户对称地分布于矩阵中的一行和一列,每个行列相交的单元格表示该产品或生产过程中反映的从其"列账户"的支出到对应"行账户"的收入——对于 SAM 表中任一账户,其对应的行表示该账户所有经济活动的收入,与其转置对称的列则表示该账户所有经济活动的支出。一个能够客观反映国民经济运行状况的 SAM 表,其每一个国民经济账户的行列值必定相等,各行加总值的和与各列加总值的和也必然相等,即国民经济的总收入(行加总)与总支出(列加总)必然相等。

在这里需要说明的是,作为 CGE 模型的最主要数据来源和建模依据,SAM 表除了依据现实经济运行状况构建国民经济账户外,还专门对政府税收进行了细分,以便通过投入产出分析和可计算一般均衡模型对相关财税政策进行模拟分析。在标准化的 SAM 表中,税收一般被分解为直接生产税、商品销售税、关税(商品服务进出口税)和增值税等。所有税收由相关国民经济账户支付,并统一纳入政府收入。一个统一标准化的 SAM 表如表 2-1 所示。

表 2-1　标准化社会核算矩阵(SAM 表)示例

	商品	活动	要素	居民	政府	资本	边际	世界其他地区	总计
商品	0	组合的中间使用矩阵	0	个人消费	政府消费	资本消耗	出口边际(离岸价)	商品出口(离岸价)	商品总需求

---

① 从而可以保证任何生产活动可以生产混合产品以及同种产品可用于多种混合生产。

	商品	活动	要素	居民	政府	资本	边际	世界其他地区	总计
活动	国内供给矩阵	0	0	0	0	0	0	0	国内总供给
要素	0	主要投入支出	0	0	0	0	0	0	要素总收入
居民	0	0	要素收入分配	0	0	0	0	0	家庭总收入
政府	商品税	要素生产税	直接/收入税	直接/收入税	0	0	0	0	政府总收入
资本	0	0	折旧	居民储蓄	政府储蓄	0	贸易平衡	国外储蓄	总储蓄
边际	贸易进口及交通运输边际	0	0	0	0	0	0	0	边际进口收入
世界其他地区	商品进口（离岸价）	0	0	0	0	0	0	0	进口总收入
总计	商品总供给	投入总支出	要素总支出	家庭总支出	政府总支出	总投资	编辑出口总支出	出口总支出	

除行列数据特征与税收细分原则之外,标准化社会核算矩阵还具有以下特点:

第一,SAM 表将账户中的"生产活动"与"商品"进行区分。其中,"生产活动"是指产品的生产过程,"商品"则代表用于销售、消费或贸易的制成品。生产活动账户中的价格表示的是生产者价格,而商品账户中的价格则表示市场价格,即包含间接税和交易成本的价格。如此区分的优点是可以清晰地表达所有产品都有可能作为中间投入品进入到包括其自身在内的所有产品的生产环节,且在该方法基础之上,源于国内生产的商品和进口商品是独立的两个账户,因此模拟进口贸易产品与本国生产产品之间的替代弹性等问题更加容易。

第二,与账户设置相对应,SAM 表中的国内非政府单位被分为居民和企业两部分。企业根据其所持有的土地、资本等资源获得要素收入,同时获得来自其他机构(如政府)的转移支付。企业的支出主要包括生产税、储蓄以及转移支付。与居民部门相对应,企业的行为被局限在生产因而并没有企业消费的概念。SAM 表允许对企业账户根据一定的标准进行拆分,如侧重研究农业问题的 CGE

模型会将 SAM 表中的企业拆分成种植业、林业、畜牧业等细分门类,而侧重研究能源问题的 CGE 模型则通常把农业企业进行合并,而将工业企业分成能源类、重工业和轻工业等门类。在行列账户平衡的情况下,SAM 表对企业账户的数量并没有限制。

第三,SAM 表中的家庭消费被分为"基于商品的消费"和"基于生产活动的消费"两种形式。其中,基于商品的消费表示为家庭账户对商品账户的支出,数值等于商品的生产者价格与税收之和;基于生产活动的消费表示为家庭账户对生产活动账户的支出,其数值直接表示商品的生产者价格。SAM 表区分不同家庭消费类型的主要原因是,由于存在边际问题,导致部分消费行为计算十分复杂,如多种税收和成本的叠加,而分别显示不同类型消费价值量可以清晰地帮助 CGE 模型实现所需的模拟目标。

本书使用的数据库为基于全球贸易数据库(Global Trade Analysis Project,简称 GTAP 数据库)数据计算所得的全球 SAM 表,即通过"全球贸易账户"来联系不同国家或区域的区域 SAM 表。GTAP 数据库由美国普渡大学 GTAP 团队开发和更新,本书使用的是最新版本 GTAP 8.0,基于全球 140 个国家和地区 2007 年社会核算矩阵编制而成,并将各国生产部门统一划分为 57 个细分部门(见本章附表 2-1),利用 GTAP 数据库可以实现对多区域 SAM 表的整理合并,从而为模拟区域性统一政策提供便利。

三、模型结构与数理基础

可计算一般均衡模型的本质是通过计算机语言实现具有经济学含义的数学公式运算。因此,对建立 CGE 模型最重要的,是基于 SAM 表等国民经济账户数据,通过数学公式模拟和反映宏观经济运行机制及原理。因此,本节按照不同的模块对本书构建的全球 CGE 模型进行具体介绍。

CGE 模型的模块划分依据是对 SAM 表中的部门、要素间投入产出关系的合理分割解释,进而通过数学公式依次表示出每一个账户主体的活动。其中数学公式可能是非线性的,SAM 表是完全对称的矩阵,最后构建所得数学矩阵的公式数量和变量数量相等,可以求得最优解。根据全球 CGE 模型的特点,可将模型概括地分为:生产和贸易模块、消费者模块、能源模块、排放模块、技术进步模块、资源禀赋模块、动态模块以及约束条件模块①。

(一)生产和贸易模块

在全球模型中,开放经济条件下每个区域的产出分配流向都包括国内消费和出口,同样地,每个地区的消费商品也包括来自国内生产和国外进口两部分,因此将生产模块和贸易模块进行归并讨论。总体来说,生产和贸易模块可以分成三部分:国内生产和投入,国内产出在居民消费、国内市场和出口之间的分配,国内市场供给产品的加总。本书所构建的全球模型仍然以完全竞争市场为假设前提,生产行为在技术、价格等条件给定的情况下追求自身利益的最大化。

对生产投入技术的描述,存在固定替代弹性函数(CES)和里昂惕夫函数(Leontief)两种方式。基于对多层嵌套生产结构的考虑,本书采用 CES 生产函数对生产模块进行模拟。具体而言,生产模块根据投入要素(劳动力、资本、土地、资源、能源、其他部门产品投入)的不同,可逐步分解为不同层级,首先由劳动力、资本、土地、资源和能源等生产要素间进行 CES 联合生产形成 QVA,顺序为劳动力、资本、土地和资源按照基年投入比例固定联合生产,再与能源进行联合,继而在各中间投入品的加总 QINTA 与 QVA 之间进行 CES 联合投入生产,作为嵌套 CES 函数的顶层,如公式(2.1)所示。

$$QA_a = \alpha_a^a \cdot (\delta_a^a \cdot QVA_a^{-\rho_a^a} + (1 - \delta_a^a) \cdot QINTA_a^{-\rho_a^a})^{-\frac{1}{\rho_a^a}} \qquad (2.1)$$

其中,a 为通过 CES 函数表示的生产活动,α 表示 CES 生产函数的效率系数,δ 表示 CES 函数的比例系数,ρ 表示函数的弹性系数。

在顶层嵌套结构之下,针对利用两种资源或产品联合进行的商品生产,继续采用巢式 CES 函数形式进行。由于目前相关研究领域对劳动力、资本和产品作为生产要素投入的生产函数的讨论已经比较成熟和完善,且在 CGE 模型领域已经得到广泛应用和采纳,因此本书构建的全球 CGE 模型继续沿用 CES 生产函数在联合生产底层嵌套结构中的应用,公式(2.2)表示 QVA 是所有生产要素按照一定比例的 CES 联合生产的产出,其中 F 代表劳动力、资本、土地和资源四类要素。

---

① CGE 模型中还包括大量的标准化设定,如价格模块等,与传统 CGE 完全一致的模块在此不做展开。

$$QVA_a = \alpha_a^{va} \cdot \left(\sum_{f \in F} \delta_{fa}^{va} \cdot QF_{fa}^{-\rho_a^{va}} \right)^{\frac{1}{\rho_a^{va}}} \tag{2.2}$$

在根据公式(2.2)进行四类基本生产要素投入生产后,进一步加入能源这种独立的生产要素,生产形式同公式(2.2)。资本、劳动力和能源相互结合的顺序不同,对最终不同要素的替代弹性和生产效率均会产生影响,在此采用 KLEM 的形式,即先结合资本与劳动力,进而与能源进行联合生产,见图 2-1。

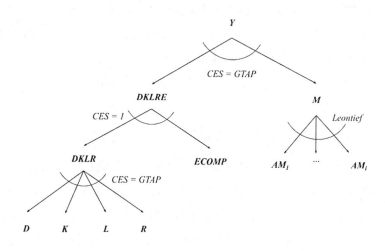

图 2-1 全球 CGE 模型 KLEM 生产结构示意图

在联合投入生产的情况下,各类生产要素需满足边际成本 WF 等于边际收益的约束条件,如公式(2.3)所示,其中 tva 表示要素生产活动的税率,QF 表示活动的要素需求量,ρ 表示要素间替代弹性的另一种表达形式,替代弹性越高,ρ 的值越小,其他变量与公式(2.1)一致。

$$WF_f = PVA_a(1 - tva_a) \cdot QVA_a \cdot \left(\sum_{f \in F'} \delta_{fa}^{va} \cdot QF_{fa}^{-\rho_a^{va}} \right)^{-1} \delta_{fa}^{va} \cdot QF_{fa}^{-\rho_a^{va}-1} \tag{2.3}$$

其他部门生产的产品 QINTA 作为中间品投入到某一生产活动的联合生产时,使用里昂惕夫生产函数,对每一个生产活动的中间投入品需求量,由该活动中所有中间投入品总量乘以固定投入系数。最终,经过嵌套联合生产的产品在家庭自消费 QHA 和市场买卖 QXAC 中进行分配,如公式(2.4)所示,其中 θ 表示产出率,与产出水平的乘积共同表示生产总量,a 表示生产活动,c 表示商品,$QXAC_{ac}$表示由生产活动 a 所生产的商品 c 的产出量。

$$\theta_{ac} \cdot QA_a = QXAC_{ac} + \sum_{h \in H} QHA_{ach} \tag{2.4}$$

因此，在扣除生产过程中用于家庭自消费 QHA 的部分以后，市场中的总产出量 QX 可表示为市场买卖产品 $QXAC$ 的 CES 函数形式，如公式(2.5)所示，其中 α 表示国内商品总量的转化系数，δ 表示各类商品所占比重系数。

$$QX_c = \alpha_c^{ac} \Big(\sum_{a \in A} \delta_{ac}^{ac} \cdot QXAC_{ac}^{-\rho_c^{ac}} \Big)^{-\frac{1}{\rho_c^{ac}-1}} \tag{2.5}$$

在此基础上，可求得基于不同部门商品价格的最优产出水平，即总产出函数的一阶条件，见公式(2.6)。其中，PX 表示产出 QX 的价格，$PXAC$ 为组织生产所购买的投入品 $QXAC$ 的价格。在 CGE 模型中，公式(2.5)和公式(2.6)中的系数由基年的 SAM 表决定，且在基准情景下保持不变。特殊地，对于每种商品仅有一个生产者的模型而言，有 $\delta = 1$，$QXAC = QX$，$PXAC = PX$。

$$PXAC_{ac} = PX_c \, QX_c \Big(\sum_{a \in A} \delta_{ac}^{ac} \cdot QXAC_{ac}^{-\rho_c^{ac}} \Big)^{-1} \cdot \delta_{ac}^{ac} \cdot QXAC_{ac}^{-\rho_c^{ac}-1} \tag{2.6}$$

在完成各生产要素和中间投入品的联合生产及对应产出之后，总产出在国内消费 QD 和出口 QE 两部分进行分配，具体表示为固定转移函数(CET)形式，如公式(2.7)所示。其中，α 表示 CET 函数的转化系数，δ 表示两类用途商品在 CET 函数中的比重，ρ 表示 CET 函数的转移系数。CET 函数在形式上与 CES 函数相似，唯一的不同在于 CET 中两类不同目的地商品(国内、国外)之间的弹性系数 ρ 为正，且最小值为 1。

$$QX_c = \alpha_c^t \big(\delta_c^t QE_c^{\rho_c^t} + (1 - \delta_c^t) \cdot QD_c^{\rho_c^t} \big)^{\frac{1}{\rho_c^t}} \cdot \delta_{ac}^{ac} \cdot QXAC_{ac}^{-\rho_c^{ac}-1} \tag{2.7}$$

基于公式(2.7)可以得出总产出在国内消费和出口之间通过价格表示的最优组合方程(公式(2.8))。其中 PE 和 PDS 分别表示国内消费 QD 和出口 QE 的市场价格。

$$QE_c / QD_c = \Big(\frac{PE_c}{PDS_c} \cdot \frac{1 - \delta_c^t}{\delta_c^t} \Big)^{\frac{1}{\rho_c^t-1}} \tag{2.8}$$

与国内产出分解为国内消费和出口相对应，国内的生产活动投入 QQ 根据来源可以分为来自进口 QM 和来自国内生产商品 QD，二者同样以 CES 函数形式共同构成国内商品的供给，此时称这种表示进口商品和国内生产商品的联合组合 CES 函数为阿明顿(Armington)函数，如公式(2.9)所示，其中 α、δ 与上述 CES 函数中的系数定义相同，ρ 被称为阿明顿替代弹性。

$$QQ_c = \alpha_c^q \left(\delta_c^q \, QM_c^{-\rho_c^q} + (1 - \delta_c^q) \cdot QD_c^{-\rho_c^q} \right)^{-\frac{1}{\rho_c^q}} \tag{2.9}$$

同理于公式(2.8),可得出进口产品与国内生产产品的最优产出比例,即公式(2.10)所示。

$$QM_c / QD_c = \left(\frac{PDD_c}{PM_c} \cdot \frac{\delta_c^q}{1 - \delta_c^q} \right)^{\frac{1}{\rho_c^q + 1}} \tag{2.10}$$

除此之外,本书构建的全球多区域可计算一般均衡模型与传统一般均衡模型相比在处理国际贸易的问题上有很大的改进。此前多数一般均衡模型对本国对外贸易的设置往往通过一个独立的部门(如 Globe)或直接将国外设为"世界其他国家(ROW)"进行简化处理,因而无法真实模拟和反映主要经济伙伴国相互间的贸易行为及调整,对国际贸易的刻画过于概括和简化。本书基于全球 GTAP 数据库两两国家间的贸易流数据,对主要经济体两两间的贸易关系及贸易国别结构变化进行追踪,从而基于该模型所得到的实际有效汇率及相应分析也更加合理。

(二)消费者模块

按照消费者类型不同,可以将消费者分为政府和非政府主体,各类主体分别从事收入、消费和储蓄等活动。

要素收入表示为该要素投入到所有生产活动中所获得的支付总额,如公式(2.11)所示,其中 YF_f 表示要素总收入 WF_f、QF_{fa} 的定义与公式(2.3)相同。

$$YF_f = \sum_{a \in A} WF_f \cdot QF_{fa} \tag{2.11}$$

因此,具体到每一个要素提供主体,其提供相应生产要素所获得的报酬如公式(2.12)所示,其中 $share_{if}$ 表示该主体提供要素占总要素的比重。

$$YIF_{if} = share_{if} [(1 - tf_f) \cdot YF_f - trsfr_{restf}] \tag{2.12}$$

总结到一般的非政府主体,其收入来源包括要素收入、政府转移支付以及其他主体的转移支付等,如公式(2.13)所示,其中 YI_i 表示主体总收入,$\sum\limits_{f \in F} YIF_{if}$ 表示提供要素所获收入,$trsfr_{igov}$ 表示来自政府的转移支付,$trsfr_{irest}$ 表示其他转移支付收入。

$$YI_i = \sum_{f \in F} YIF_{if} + trsfr_{igov} + trsfr_{irest} \tag{2.13}$$

在市场出清的条件下,居民的所有收入在扣除税收支付、转移支付和储蓄外全部用于消费,故得到消费函数如公式(2.14)所示,其中 $ditrate_{ih}$ 表示直接税率,$srate_h$ 表示储蓄率,$trsrate_{ih}$ 表示转移支付率。

$$EH_h = (1 - ditrate_h)(1 - srate_h)(1 - trsrate_{ih})YI_h \qquad (2.14)$$

政府收入的来源是税收和其他地区的转移支付,按照税收种类的不同,可分为直接税、要素税、增值税、生产活动税、进出口税和销售税等。

政府支出的渠道则主要包括自身消费需求和转移支付,如公式(2.15)所示,其中 GQ_c 表示政府自身消费需求,在 CGE 中用基期消费量加调整系数外生给定。

$$EG = \sum_{c \in C} PQ_c \cdot GQ_c + \sum_i trsfr_{irest} \qquad (2.15)$$

(三)能源模块

由于能源是温室气体排放的最主要来源,因此针对能源种类对能源部门进行细分,基本框架参照 GTAP-E 模型进行设置,在此基础上对电力部门和交通部门进行进一步分解。

本书首先根据能源生产环节将能源分为电力能源和非电力能源,非电力能源中进一步细分成煤炭和非煤炭类能源,主要包含了原油、天然气和油气产品等。

在电力部门中,根据电力生产技术和使用的一次能源不同,将其生产的投入进一步分为煤炭、天然气、石油、可再生能源和电力组合(图2-2)。其中由于 GTAP 数据库中不包含可再生能源的价格数据,因为可再生能源价格反映的是环境改善带来的一种"社会环境福利",因此本书用代表性的居民社会福利的价格代表可再生能源的价格。

对交通部门的处理与电力部门相似,将投入的能源按照石油产品、可再生能源和电力进行细分,具体结构如图2-3所示。

将能源组合投入按照不同部门进行细分的一个重要目的,是为了实现不同部门在能源使用技术方面的模拟,特别是对能源使用效率和能源排放系数的测算,不同部门的差异很大。因此,本书的一个重要研究贡献,就是通过将能源投入生产的结构进行细化,从而为引入来自自下而上的能源经济技术模型关于不

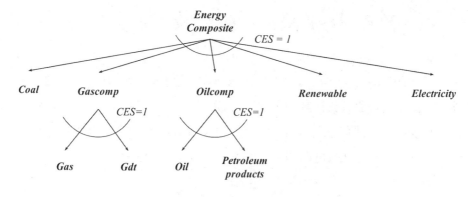

图 2-2　电力部门能源投入组合结构

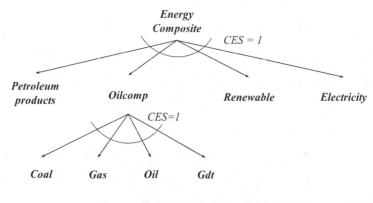

图 2-3　交通部门能源投入组合结构

同部门能源使用技术发展的预测结果,建立以 CGE 为代表的自上而下的模型和以 TIMES 为代表的自下而上模型软连接的能源环境经济综合评价模型。目前上述所有能源部门中的不同能源投入均按照替代弹性为 1 的 CES 系数进行联合生产。

(四)排放模块

根据美国国家能源信息署(EIA)公布的排放系数,可以分别确定不同能源品种二氧化碳(CO_2)、甲烷(CH_4)和二氧化氮(N_2O)的排放量。不同部门的能源排放动态化过程根据 EIA 提供的各部门能源消费加权平均所确定,根据排放源不同可以分为固定排放源和移动排放源。固定排放源主要指以工厂和办公楼宇为主要生产地点的部门,移动排放源主要指交通部门。

$$ef_{s,t} = \sum_{si} w_{si,t} \times coef_{barrel2btu,si} \times coef_{btu2kg,si} \qquad (2.16)$$

$$ef_{m,t} = \sum_{mi} w_{mi,t} \times coef_{barrel2btu,mi} \times coef_{btu2kg,mi} \qquad (2.17)$$

公式(2.16)和公式(2.17)分别表示 2007—2010 年各国固定排放源和移动排放源的历史排放系数计算方法,s 和 w 分别表示固定排放源和移动排放源,w 表示该能源在 i 部门能源消费总量的占比。2011 年以后的排放系数由公式(2.18)和公式(2.19)示的预测模型给出。

$$ef_{s,r,t*} = ef_{min} + e^{(t*-2011) \times \hat{\beta}_{s,r} \div \gamma_s} \times (ef_{s,r,2010} - ef_{min}) \qquad (2.18)$$

$$ef_{m,r,t*} = ef_{min} + e^{(t*-2011) \times \hat{\beta}_{m,r} \div \gamma_m} \times (ef_{m,r,2010} - ef_{min}) \qquad (2.19)$$

ef_{min} 表示 2050 年时可能达到的最小温室气体排放量,根据国际能源署的预测以及其他相关调研研究,本书设 ef_{min} 值为 2.7 Mt CO2/Mt toe。$\hat{\beta}$ 为各区域排放系数测算式 $ef_t = \alpha + \beta \cdot t + \varepsilon_t$ 的最小二乘估计(OLS)系数。一般而言 $\hat{\beta}<0$,表示各地区的排放系数随时间推移而减小的趋势。由于各部门的排放系数由能源投入份额加权平均得到,虽然单一能源品种的排放系数不会出现较大波动,但是在部门能源结构发生明显调整时,该部门的能源排放系数仍会发生很大变化。此外,在 GTAP 模型中仅有一个加总的石油产品部门,因此无法对具有不同排放系数的石油产品进行加权平均计算。基于目前的数据条件,在全球 CGE 模型中,采用基于排放系数的历史数据,对未来排放系数进行预测的方法。基于对全球节能减排措施推进的信心和对工业生产技术进步的基本认识,本书设定 $\hat{\beta}$ 的上限为零。基准情景下,主要经济体固定排放源和移动排放源的排放系数(以石油产品为例)见表 2-2 和表 2-3。

表 2-2　固定排放源石油产品排放系数

	2005 年	2010 年	2015 年	2020 年	2025 年	2030 年	2035 年	2040 年	2045 年	2050 年
美国	2.81	2.795	2.78	2.77	2.76	2.755	2.745	2.74	2.735	2.73
欧盟	2.84	2.84	2.837	2.835	2.83	2.825	2.82	2.818	2.816	2.814
亚洲发达国家	2.808	2.798	2.782	2.77	2.758	2.75	2.74	2.735	2.725	2.72
中国	2.82	2.823	2.823	2.823	2.823	2.823	2.823	2.823	2.823	2.823
巴西	2.818	2.822	2.822	2.822	2.822	2.822	2.822	2.822	2.822	2.822
印度	2.816	2.823	2.823	2.823	2.823	2.823	2.823	2.823	2.823	2.823

续表

	2005 年	2010 年	2015 年	2020 年	2025 年	2030 年	2035 年	2040 年	2045 年	2050 年
俄罗斯	2.8	2.795	2.788	2.775	2.77	2.76	2.755	2.745	2.74	2.738
南非	2.848	2.86	2.86	2.86	2.86	2.86	2.86	2.86	2.86	2.86
世界其他国家/地区	2.848	2.847	2.847	2.847	2.847	2.847	2.847	2.847	2.847	2.847

表 2-3　移动排放源石油产品排放系数

	2005 年	2010 年	2015 年	2020 年	2025 年	2030 年	2035 年	2040 年	2045 年	2050 年
美国	2.86	2.85	2.835	2.83	2.81	2.8	2.78	2.77	2.765	2.76
欧盟	2.97	2.96	2.935	2.91	2.89	2.87	2.86	2.84	2.835	2.825
亚洲发达国家	3.01	2.98	2.94	2.87	2.84	2.83	2.78	2.77	2.755	2.745
中国	2.97	2.93	2.856	2.82	2.757	2.75	2.73	2.72	2.71	2.705
巴西	2.957	2.95	2.92	2.87	2.85	2.83	2.81	2.79	2.77	2.76
印度	3.02	2.99	2.93	2.86	2.82	2.79	2.77	2.75	2.73	2.72
俄罗斯	2.97	2.93	2.86	2.8	2.76	2.74	2.73	2.72	2.71	2.705
南非	2.92	2.92	2.92	2.92	2.92	2.91	2.905	2.903	2.9
世界其他国家/地区	2.95	2.94	2.93	2.91	2.87	2.85	2.78	2.77	2.75	2.74

(五)技术进步模块

与一般 CGE 模型不同,本书构建的全球 CGE 模型将自上而下模型中反映的不同能源使用技术的学习曲线引入电力和交通部门的生产过程,从而在模拟发达国家和发展中国家能源技术差异和实际技术进步等方面更有优势。根据国际能源署能源技术展望中的预测结果(表 2-4 至表 2-7),可以根据发电能耗总量及煤炭、天然气、石油消费量,进一步计算出可再生能源发电消费量。其中6DS、4DS 和 2DS 分别表示国际能源署的基准情景和两个更高减排要求的情景。同理可以得到交通部门的能源使用技术路线图。

目前全球 CGE 模型中技术进步模块仍存在许多不足之处:第一,由于 GTAP 中没有 2007 年可再生能源消费统计数据,因此在基年中设定可再生能源在各部门中的消费份额为 0;第二,国际能源署所提供的发电部门技术进步预测仅就OECD 和非 OECD 国家进行区分,因此无法进一步区分国家和地区特别是主要经济体的技术进步差异。随着 CGE 模型与 TIMES 模型链接工作的推进,中国等主要经济体的能源技术学习曲线将得到细化。

表 2-4　电力部门煤炭消费量

OECD	2009 年	2020 年	2025 年	2030 年	2035 年	2040 年	2045 年	2050 年
6DS	3 620	4 037	4 163	4 179	4 228	4 311	4 519	4 664
4DS	3 620	3 556	3 258	2 896	2 290	1 799	1 391	1 210
2DS	3 620	3 422	2 223	1 075	205	48	49	39
Non-OECD	2009 年	2020 年	2025 年	2030 年	2035 年	2040 年	2045 年	2050 年
6DS	4 498	8 321	9 624	11 072	12 932	14 627	16 182	17 755
4DS	4 498	6 978	7 379	7 892	8 636	9 240	9 580	10 098
2DS	4 498	5 929	4 645	3 093	1 761	898	807	590

表 2-5　电力部门天然气消费量

OECD	2009 年	2020 年	2025 年	2030 年	2035 年	2040 年	2045 年	2050 年
6DS	2 361	2 894	2 989	3 223	3 518	3 663	3 646	3 517
4DS	2 361	2 974	3 289	3 406	3 772	4 072	4 257	4 251
2DS	2 361	2 773	2 922	2 773	2 453	1 591	927	561
Non-OECD	2009 年	2020 年	2025 年	2030 年	2035 年	2040 年	2045 年	2050 年
6DS	1 938	3 038	3 578	4 300	4 890	5 516	6 202	6 901
4DS	1 938	3 381	4 057	4 526	4 881	5 098	5 386	5 599
2DS	1 938	3 079	3 561	3 701	3 443	3 106	2 775	2 629

表 2-6　电力部门石油消费量

OECD	2009 年	2020 年	2025 年	2030 年	2035 年	2040 年	2045 年	2050 年
6DS	324	183	144	133	127	121	114	110
4DS	324	140	106	102	97	88	77	69
2DS	324	118	73	68	60	50	40	29
Non-OECD	2009 年	2020 年	2025 年	2030 年	2035 年	2040 年	2045 年	2050 年
6DS	703	594	554	489	480	460	440	418
4DS	703	561	507	439	429	413	398	384
2DS	703	518	417	320	289	245	180	91

表 2-7　电力部门能源消费总量

OECD	2009 年	2020 年	2025 年	2030 年	2035 年	2040 年	2045 年	2050 年
6DS	10 394	12 345	12 984	13 638	14 268	14 815	15 246	15 646
4DS	10 394	12 131	12 672	13 147	13 561	14 001	14 376	14 812
2DS	10 394	11 997	12 336	12 697	12 950	13 475	13 994	14 561
Non-OECD	2009 年	2020 年	2025 年	2030 年	2035 年	2040 年	2045 年	2050 年
6DS	9 649	16 747	19 472	22 340	25 606	28 409	31 009	33 637
4DS	9 649	16 008	18 214	20 514	22 942	25 089	27 164	29 274
2DS	9 649	15 168	16 774	18 421	20 173	22 309	24 579	27 003

资料来源：国际能源署：《能源技术展望 2012》。

（六）资源禀赋模块

GTAP 数据库中包含的资源禀赋有四类，分别是劳动力、资本、土地和资源。其中土地资源属于比较明确的资源禀赋，资本通过单独的资本积累方式作为模型动态化的核心机制。因此，对资源禀赋的预测需要进一步明确劳动力供给和自然资源的发展趋势。

劳动力方面，本书引用联合国人口报告数据中对全球不同国家、不同年龄段的人口统计结果，经劳动力占总人口比重系数的调整进行处理。

$$L_{r,t} = (X_{m,15-64,t} + X_{fm,15-64,t}) + (X_{m,65+,t} \times p_{m,t} + X_{fm,65+,t} \times p_{fm,t}) \qquad (2.20)$$

公式(2.20)为 CGE 模型各国劳动力人口的基本计算公式，X 代表劳动力总数，p 代表 65 岁以上人口中仍在岗劳动的比重。对未来各国人口增长率的预测结果同样引用联合国的人口报告表 2-8。

表 2-8　各国劳动力禀赋增长率

（单位：%）

	2005—2025 年	2025—2030 年	2030—2045 年	2045—2050 年
中国	0.5	0.2	0.0	-0.3
美国	0.8	0.7	0.5	0.5
欧盟	-0.3	-0.4	-0.5	-0.6
巴西	1.0	0.7	0.5	0.3
俄罗斯	-0.6	-0.7	-0.7	-0.8

续表

	2005—2025 年	2025—2030 年	2030—2045 年	2045—2050 年
印度	1.1	0.8	0.6	0.4
南非	−0.1	0.1	0.3	0.5
日韩	0.0	−0.2	−0.4	−0.5
ROW	1.1	0.8	0.6	0.5

资料来源:联合国,*World Population Ageing*:1950—2050。

在细分能源消费类型和关注温室气体排放的 CGE 框架中,对自然资源的预测更加重要。诸如原油、天然气、煤炭等主要能源均由自然资源生产而成,因此自然资源是各类能源的发展限制条件,其耗竭时间的长短将会直接影响部门能源结构的调整和新能源的发展。表现在 CGE 中可以理解为自然资源在各能源部门生产中的投入比重不断降低。本书引用 BP 能源统计储采比(储量/产量,R/P)数据对可耗竭资源进行预测,并假设 2007—2011 年的自然资源投入水平保持不变,资源储量公式如(2.21)所示,其中 M 表示自然资源储存量,X 表示自然资源的能源生产投入量。

$$M = X_{2011} \times R/P_{2011} \tag{2.21}$$

根据国际能源署相关研究,设每年新增资源探明储量占当年投入生产资源总量的40%,同时每年投入生产的自然资源量按指数形式递减。因此,从 2011 年到 2011+T 年(自然资源全部耗竭)的资源储存总量计算公式如下,其中 α 表示自然资源存量的年衰减率。

$$
\begin{aligned}
M &= X_{2011} \times 0.6 + X_{2011} \times (1 - \alpha) \times 0.6 + \cdots + X_{2011} \times (1 - \alpha)^{T-2011} \times 0.6 \\
&= X_{2011} \times 0.6 \times \frac{1 - (1 - \alpha)^{T+1}}{\alpha} \\
&\approx X_{2011} \times 0.6 \times \frac{1 - (1 - C_{T+1}^1 \alpha + C_{T+1}^2 \alpha^2 - C_{T+1}^3 \alpha^3)}{\alpha} \\
&= X_{2011} \times 0.6 \times (C_{T+1}^1 - C_{T+1}^2 \alpha + C_{T+1}^3 \alpha^2)
\end{aligned}
\tag{2.22}
$$

基于上式可进一步解出 α:

$$\alpha = \frac{C_{T+1}^2 - \sqrt{\Delta}}{C_{T+1}^3} \tag{2.23}$$

其中　$\Delta = (C_{T+1}^2)^2 - 4 \times C_{T+1}^3 \times \left(C_{T+1}^1 - \dfrac{M}{X \times 0.6} \right)$ 　　　　(2.24)

在资源环境经济学理论中,对可耗竭资源的定义如下,其中 C 表示初始年份资源需求量,k 表示资源需求量的年增长率。

$$\int_0^{T_E} C_0\, e^{kt} = M \tag{2.25}$$

该式与本书在 CGE 模型中引用的公式在结构上比较类似,但 CGE 模型中的 X 更加能体现出资源稀缺引发的价格变化和能源结构调整。以原油生产为例,设基年生产 200 单位原油需投入 100 单位资本、50 单位劳动力和 50 单位的自然资源。随着时间的推移,资源禀赋以每年 α 的速率下降,到 2007 + T 年时,生产 200 单位原油需投入 100 单位资本、50 单位劳动力和 $50 \times (1 - \alpha)^T$ 单位的资源。这反映出随着自然资源的逐渐耗竭,其市场价格不断提高[①],迫于生产投入成本的压力而发生了生产结构的调整。以石油为例,给出石油生产部门中自然资源的投入量变化趋势(图 2-4)。

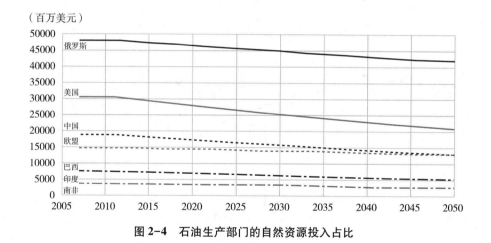

（百万美元）

图 2-4　石油生产部门的自然资源投入占比

（七）动态模块

本书的动态 CGE 模块通过资本积累和投资来实现,本书采用不同部门资本

[①]　需要强调的是,CGE 模型中价格是内生的。

异质化的假定,并设新增资本将根据预期投资回报率进行内生分配,预期回报率根据适应性预期产生。各部门的预期资本增长率如公式(2.26)所示,其中 $\overline{KR}$ 和 $\underline{KR}$ 分别表示资本增长率的上下极限,$\overline{\overline{KR}}$ 表示基准资本增长率,r^e 表示预期资本回报率,服从适应性预期,$\overline{r_i}$ 表示 i 行业的基准资本回报率,c 为调整系数。由此形成的资本增长率和资本回报率的关系可表示为图 2-5 所示,资本增长率和资本收益率之间的关系服从 Logistic 曲线,资本增长率位于一个最大值和一个最小值所确定的边界之中。在我们的模型中,这两个边界水平分别设定为 0.3 和 0。

$$KR_i = (\overline{KR_i} - \underline{KR_i}) \dfrac{\dfrac{\overline{KR_i} - \underline{KR_i}}{\overline{\overline{KR_i}} - \overline{KR_i}} \cdot e^{c(r_i^e - r_i)}}{1 + \dfrac{\overline{KR_i} - \underline{KR_i}}{\overline{\overline{KR_i}} - \overline{KR_i}} \cdot e^{c(r_i^e - r_i)}} + \underline{KR_i} \qquad (2.26)$$

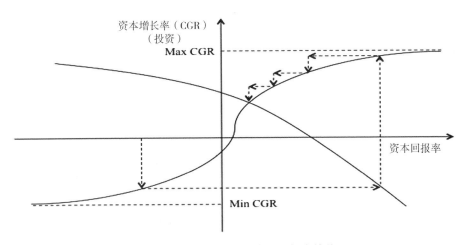

图 2-5　资本增长率与资本回报率的关系

(八)汇率模块

基于 GTAP 数据库的全球 CGE 模型在价格方面已经剔除了通货膨胀因素,即 CGE 中的价格数据均为实际价格。因此,根据购买力平价理论,可直接通过两国间实际价格水平的比值确定人民币实际汇率,其中各国实际价格水平由国内各部门实际价格水平以其产出水平占总产出的权重加权平均计算得到。我国实际有效汇率则进一步根据选取一篮子货币伙伴国的贸易权重加权平均取得。由于实际有效汇率的计算模块本身不在模型设置中,因此将在第三章专门阐述。

(九)模型闭合条件

宏观闭合简单来说,就是在模型的所有变量中,哪一些变量作为外生变量。在静态模型中,投资与储蓄两者必有一个外生;在开放模型中,还涉及贸易盈余与汇率的决定机制。对于要素市场中的闭合条件,采用新古典主义的假设:储蓄率外生,根据各期总收入水平决定储蓄规模,进而决定下一期的投资规模;投资收益率,即市场利率内生决定;劳动力供给外生,工资水平由劳动力的边际生产率决定。对于外部市场的闭合条件,采用浮动汇率机制,即贸易盈余外生,依据历史数据调整各国经常账户变化路径,实际汇率水平内生决定。

此外,根据宏观经济学一般均衡原理,为达到市场均衡状态,找出最优解,本书构建的全球 CGE 模型需要进一步满足以下几个约束,作为各期经济运行模拟的闭合条件。

要素市场中,要素总需求等于要素总供给,如公式(2.27)所示。

商品市场中,商品供给等于中间投入使用、居民消费、政府消费和贸易投入的加总,如公式(2.28)所示。

经常账户中,进口支出与转移支付之和应等于出口收入、转移收入与外汇储备之和,如公式(2.29)所示。经常账户中实际汇率和外汇储备是两个可替代的平衡选择点,即可以通过固定实际汇率调整贸易盈余(外汇储备)来达到均衡点,也可以通过固定贸易盈余、调整实际汇率来实现均衡,本书研究的对象是宏观经济和实际汇率的变化情况,因此采用固定外汇储备(贸易盈余)、调整实际汇率的方式。贸易盈余增速以指数形式递减,每一期的贸易盈余满足外部市场闭合条件,以 WDI 贸易盈余增速算术平均为基准增长率,取 0.7—0.8。此外,还包括政府收入等于政府支出与政府储蓄之和,储蓄应等于投资等一般均衡条件。

$$\sum_{a \in A} QF_{fa} = \overline{QFS_f} \tag{2.27}$$

$$QQ_c = \sum_{a \in A} QINT_{ca} + \sum_{h \in H} QH_{ch} + QG_c + QT_c \tag{2.28}$$

$$\sum_{c \in CM} pwm_c \cdot QM_c + \sum_{f \in F} trsfr = \sum_{c \in CE} pwe_c \cdot QE_c + \sum_{f \in F} trsfr + FSAV \qquad (2.29)$$

第二节　模型区域划分

基于 GAMS 编码和 GTAP 数据库的全球 CGE 模型可根据研究目标的需要对不同国家和地区进行归类划分,目前相关研究中通常根据各国家和地区的经济发展水平(发达国家、发展中国家)结合特定政策模拟区域(如中美贸易)进行区域设计。由于本书主要研究内容为应对气候变化相关政策对宏观经济和汇率的影响,因此模型的区域划分需主要考虑全球应对气候变化谈判利益集团以及发达国家、发展中国家新兴经济体两个方面。

从全球应对气候变化谈判角度出发,目前国际上与应对气候变化相关的利益集团划分主要有:金砖国家、基础四国、伞形国家、七十七国集团、小岛国联盟等。不同利益集团基于自身经济条件、发展需要以及减排压力而在应对气候变化谈判中有着不同的诉求,从而结成联盟、形成不同的博弈力量。

(一)金砖国家(BRICS)

成员国包括巴西、俄罗斯、印度、中国、南非,是 20 世纪末 21 世纪初全球最主要的经济增长动力来源。五国在协调应对重大国际问题、深化和扩大相互间交流与合作、共同明确和履行发展中大国的责任和义务等方面有着广泛的交集。

由于"金砖国家"的经济影响力,在经济增长、国际贸易以及地缘政治经济学等研究过程中常被视为重要的研究范畴加以考虑。Nayyar 通过研究预测 2040 年"金砖国家"经济总量将超过"六国集团"[①],成为全球最重要的经济团体。Cheng 等基于"金砖国家"金融市场现状及发展趋势,对"金砖国家"未来投资环境进行了分析预测;Song 等[②]使用自举 DEA 方法,基于小样本数据对"金砖国家"能效进行了研究,结果表明"金砖国家"目前的能效水平较低,但增长速度较快;

[①]　这里的"六国集团"指德国、英国、法国、波兰、西班牙和意大利六国。参见 Nayyar, D., *China, India, Brazil and South Africa in the World Economy: Engines of Growth*, Oxford University Press, 2010. pp. 9-43.

[②]　Ma-Lin Songa, Lin-Ling Zhang, Wei Liu, Ron Fisher, "Bootstrap-DEA Analysis of BRICS' Energy Efficiency based on Small Sample Data", *Applied Energy*, 2013, 112, pp. 1049-1055.

Zhang 等[1]对"金砖国家"可再生能源政策及影响进行了梳理,并基于实证分析对"金砖国家"的可再生能源发展政策提出建议。总体来看,"金砖国家"涉及的研究领域和应用的研究方法非常广泛,不同研究之间具有参考和比较的价值,因此无论是在国际贸易、地缘政治,还是宏观金融、气候变化等领域,都有很大的研究价值。

(二)基础四国(BASIC)

中国、印度、南非和巴西,即"基础四国",由四国英文首字母组成 BASIC。"基础四国"是发展中国家的代表,经济发展十分迅速,同时处于工业化进程中的国家面临着较大的减排负担,"基础四国"均表示愿意发挥全球共同行动过程中的建设性作用,主张遵守《京都议定书》和巴厘岛路线图。与"金砖国家"宽泛的合作一体相比,"基础四国"的形成更有针对性,它们以代表发展中国家在应对全球气候变化谈判利益的角度,主张既尊重各国共同义务,又充分考虑排放历史与经济发展负担的责任分配原则。

"基础四国"的形成和发展主要针对应对全球变化谈判,在当前宏观经济相关研究领域极少涉及专门针对"基础四国"的区域划分,鲜有的一些研究也仅仅局限于对基础四国在国际谈判话语主导权等问题上的政治学分析[2]。

截至 2012 年,中国、巴西、印度、南非和俄罗斯五国占全球 GDP 总量的16.21%,占全球人口总数 42.93%(WDI,2013);从能源消费的角度,440 亿吨标油,约占全球一次能源消费总量的 35%(BP,2013),且在近十年中保持着持续高速的增长趋势(见表 2-9);根据 WWF 有关预测,2017 年"金砖五国"的整体环境影响将达到整个 OECD 水平。

表 2-9　"金砖五国"一次能源消费量占比(1985—2012 年)

(单位:亿吨标准煤)

国家/地区	2005 年	2006 年	2007 年	2008 年	2009 年	2010 年	占比(%)
南非	1.62	1.65	1.69	1.66	1.7	1.73	1
巴西	2.96	3.04	3.22	3.36	3.34	3.63	2.1

---

① Huiming Zhang, Lianshui Li, Jie Cao, Mengnan Zhao, Qing Wu, "Comparison of renewable energy policy evolution among the BRICs", *Renewable and Sustainable Energy Reviews*, 2011, 15, pp.4904-4909.

② Mihaela Papa, Nancy W.Gleason, "Major Emerging Powers in Sustainable Development Diplomacy: Assessing Their Leadership Potential", *Global Environmental Change*, 2012, 22, pp.915-924.

国家/地区	2005 年	2006 年	2007 年	2008 年	2009 年	2010 年	占比(%)
印度	5.2	5.45	5.92	6.35	6.86	7.49	4.4
俄罗斯	9.39	9.65	9.8	9.87	9.35	9.87	5.8
中国	24.16	26.54	28.53	29.71	31.25	34.75	20.3

资料来源:BP Global,*BP Statistical Review of World Energy* 2013,2016,p.40.

根据表 2-9 结果显示,"金砖五国"在进入 2000 年后的能源消费量增长趋势明显,且占全球能源消费总量不断升高。其中值得关注的是俄罗斯,在近 20 年中能源消费总量持续下降,与其他四国呈现相反的趋势。因此从能源结构基础上直接决定了俄罗斯与"基础四国"在应对气候变化、节能减排方面压力、责任与利益主张的不同。因此,从宏观经济与社会发展方面,"金砖国家"更能体现发展中大国间的共性,而从能源消费、应对气候变化政策方面,"金砖国家"中剔除俄罗斯而形成的"基础四国"更能体现不同国家集团内部的主张行动一致性与集团国家间基于不同利益与责任考虑的博弈关系。

综上所述,由于"金砖国家"和"基础四国"在反映经济发展水平和气候谈判利益方面各有优势,同时"金砖国家"已全部包含了"基础四国",因此本书通过将"金砖国家"的五个成员国全部独立,分析各国在气候政策一致或不一致时对每个成员国宏观经济的影响,判断"金砖国家"和"基础四国"在气候政策方面合作的可行性。

(三)伞形国家(The Umbrella Group)

"伞形国家"概念形成于 2009 年哥本哈根气候谈判过程中,由美国、澳大利亚及日本等非欧盟发达国家组成,由于这些国家在世界地图上的连线像一把伞状,因此被称为伞形国家集团。

"伞形国家"是气候谈判过程中相对独立的谈判利益集团,伞形国家主张采取各国相对独立、由政府推动的方式,基于自身条件提出各自减排目标,并在此基础上开展国际谈判与合作,并在承认自身减排责任的同时,希望将"基础四国"共同纳入同等减排义务的范围[①]。

---

① 高小升:《伞形集团国家在后京都气候谈判中的立场评析》,《国际论坛》2010 年第 7 期。

与"基础四国"相对应,"伞形国家"也是在 OECD 等主要发达国家联盟框架下,专门针对气候变化问题而形成的相对松散集团。由于伞形国家内部发达国家或地区的经济发展水平差异较大,且宏观经济政策制定与执行的一致性较弱,因此与 OECD 和 G7 等常用发达国家代表集团相比,"伞形国家"在经济学理论研究领域并不被重视。其中美国作为全球最大经济体,在政策制定的独立性、实施的影响力等方面与其他发达国家有很大区别,因此将美国从"伞形国家"中独立出来,既有利于分析经济霸权国家的政策影响力,且在区分"伞形国家"的情况下,有利于对发达国家之间应对气候变化行动的博弈关系进行分析。此外,日本、韩国也被作为一个区域(东亚发达国家)独立出来。

(四)七十七国集团+中国

"七十七国集团"是由全球中小发展中国家组成的以对抗超级大国、谋求经济发展为主要目标的国际组织,正式形成于 1964 年联合国贸易发展会议,77 个发展中国家和地区发表了联合宣言,自此称为七十七国集团,随后成员国数量不断增加,但仍沿用该名称。

在发展中国家经济发展与应对气候变化谈判过程中,中国始终坚持与其他发展中国家保持一致立场,并积极利用自身的国际地位为发展中国家争取谈判主动权贡献力量。虽然中国并不属于传统意义上的七十七国集团范畴,但"七十七国集团+中国"已成为全球最重要的发展中国家利益代表。

由于绝大多数七十七国集团成员国家在经济实力和影响力方面相对较弱,因此在多数模型中此类国家常被纳入世界其他国家和地区(The Rest of the World,ROW)范围内。另一方面,中国作为"基础四国"成员,在模型中单独进行区域设置。因此以"七十七国集团+中国"的气候变化谈判利益集团,在全球 CGE 模型中仍按照 ROW 和中国独立分开的方式进行,与其相关的国际谈判、政策合作等情景模拟以模型政策情景的方式体现。

(五)小岛国联盟(AOSIS)

"小岛国联盟"处于受气候变化毁灭性影响的最前沿,代表性国家如巴林、毛里求斯、马耳他等。该国家集团呼吁发达国家中期减排量在 1990 年基础上减少 45%,同时要求发达国家提供大量资金援助。

在模型中,该类国家与七十七国集团成员国家的处理方式相同,均被纳入在世界其他国家和区域(ROW)当中。

综上所述,在本书建立和使用的全球 CGE 模型中,设置的区域包括九类:美国(US)、欧盟(EU)、亚洲发达国家(ASD)、中国(CHN)、巴西(BRA)、俄罗斯(RUS)、印度(IND)、南非(SA)以及世界其他国家和地区(ROW)。

附　　录

附表 2-1　GTAP 数据库部门划分

编号	CGE 代码	部门名称	部门诠释
1	pdr	水稻	水稻
2	wht	小麦	小麦
3	gro	谷物	谷物等
4	v_f	蔬果	蔬菜、水果等
5	osd	含油种子	含油种子
6	c_b	甘菜	甘蔗、甜菜
7	pfb	植物纤维	基于植物的纤维
8	ocr	农作物	农作物
9	ctl	畜牧业	牛、羊、马饲养
10	oap	畜产品	畜产品
11	rmk	奶产品	鲜奶、生奶
12	wol	毛桑业	羊毛、桑蚕
13	frs	林业	林地、林业
14	fsh	渔业	渔业
15	coa	煤炭	煤炭
16	oil	石油	石油
17	gas	天然气	天然气
18	omn	矿物	矿物
19	cmt	肉类	牛肉、羊肉、马肉
20	omt	肉制品	肉类制品
21	vol	油脂	植物油和脂肪
22	mil	乳制品	奶、乳制品
23	pcr	制米	大米加工
24	sgr	糖业	制糖

编号	CGE 代码	部门名称	部门诠释
25	ofd	食品业	食品加工
26	b_t	饮料烟草	饮料和烟草产品
27	tex	纺织业	纺织业
28	wap	服装业	服装业
29	lea	皮革业	皮革制品
30	lum	木材加工	木材加工
31	ppp	造纸印刷	造纸和印刷业
32	p_c	能源加工	石油、煤炭加工
33	crp	化工产品	化学、橡胶、塑料制品
34	nmm	矿产品	矿产品
35	i_s	黑金属业	黑色金属
36	nfm	金属业	金属业
37	fmp	金属制品	金属制成品
38	mvh	汽车制造业	汽车及零部件制造
编号	CGE 代码	部门名称	部门诠释
39	otn	交通设备	交通设备制造
40	ele	电子设备	电子设备制造
41	ome	机械设备	机械设备制造
42	omf	制造装配	制造装配
43	ely	电力	电力生产运输
44	gdt	燃气业	燃气生产运输
45	wtr	水	水
46	cns	建筑业	建筑业
47	trd	贸易	贸易
48	otp	其他运输	运输业
49	wtp	水路运输	水路运输
50	atp	航空运输	航空运输
51	cmn	通信业	通信通讯
52	ofi	金融服务业	金融服务业
53	isr	保险业	保险业
54	obs	商业服务	商业服务业
55	ros	娱乐业	娱乐服务业
56	osg	公共事业	管理、消防、卫生、教育
57	dwe	住房业	住房业

第三章　基于 CGE 模型的人民币汇率失调程度分析

第一节　基准情景设置

基准情景(Business As Usual)是在不设置任何政策变化的情况下,以基年实际经济数据(2007 年社会核算矩阵)为起点,经过动态 CGE 模型运算得出的经济发展轨迹。前面文献综述部分已详细介绍了近年来有关人民币汇率失调和人民币升值压力的研究,主要研究方法包括购买力平价、单方程实证研究和一般均衡模型等。其中,购买力平价的理论性更强、考虑因素较少;单方程实证研究的检验效果和预测效果较好,但在政策模拟和影响因素的考量方面相对不足;而现有的一般均衡模型和自然均衡汇率方法在模型结构、区域设置和模型假设等方面有待完善,从而更适合对人民币均衡汇率问题的研究。因此,本书尝试通过前文建立的全球多区域可计算一般均衡模型(CGE 模型),来研究人民币均衡实际有效汇率均衡水平、失调程度与传导机制。根据可计算一般均衡模型得出在理论均衡状态下的实际汇率,是在分别构建产品、资产、劳动力市场以及模拟消费、投资和贸易行为的基础上,寻求所有市场部门和行为主体的均衡解,从而获得的均衡实际有效汇率值。

在研究方法方面,对一般均衡方法的结构进行了改进:第一,通过建立基于 GTAP 数据库的 57 个生产部门,对传统模型仅包含三商品部门的设定进行改进;第二,基于历史数据设置关税,并模拟气候壁垒,弥补了原始模型不考虑关税和非关税壁垒因素的局限;第三,通过贸易价格内生从而对"小国经济"假设进行改进等;第四,通过设置中国、美国、欧盟、日韩、印度、俄罗斯等多个国家和地区,对两国模型框架进行改进。

在研究内容方面,目前学界的研究主要集中在 20 世纪九十年代和本世纪初的人民币汇率失调和升值压力分析。因此,本章将研究重点放在自 2007 年以来的人民币汇率走势,特别是随着美国"次贷危机"和全球金融海啸的爆发,全球宏观经济基本面和金融面、外部经济环境和内部经济结构都发生了较大变化。以贸易条件为例,我国对外贸易顺差自本世纪初开始经历了一个飞速增长过程,然而自 2009 年开始受金融危机的影响,贸易顺差逐年下降,这一情况到 2012 年才逐渐得到扭转(图 3-1)。然而在 2012—2013 年内,按月度数据,均出现了单月贸易逆差的情况,分别为 2012 年 2 月和 2013 年 3 月(图 3-2)。贸易条件的不断变化势必会影响外汇储备、国际投资和人民币汇率的相应调整,因此,分析新时期新形势下由于贸易环境引起的人民币汇率失调发展趋势是十分必要的。

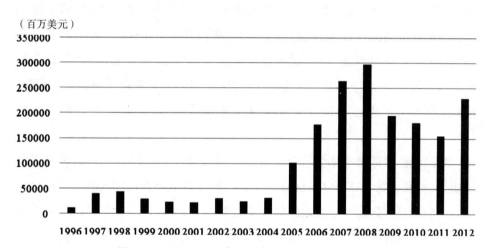

（百万美元）

图 3-1　1996—2012 我国进出口贸易差额年度数据

资料来源:国家统计局,2014 年。

第二节　人民币实际有效汇率指数的测算方法

根据测算方法和指标意义的不同,汇率可分为名义汇率、实际汇率、有效汇率和实际有效汇率等。与名义汇率只表示两个国家双边货币兑换比率不同,有效汇率侧重于测度一国货币的综合比价水平,通常的计算方法是某种货币与本

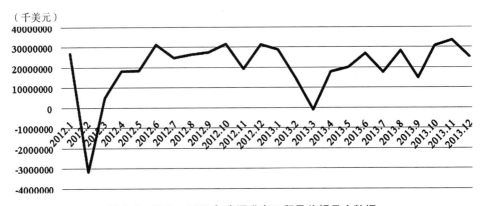

图 3-2　2012—2013 年我国进出口贸易差额月度数据

资料来源:国家统计局,2014 年。

国主要伙伴国一篮子货币的双边名义汇率的算术或几何加权平均值,将有效汇率指标剔除价格因素后,就得到实际有效汇率指数。实际有效汇率是当今世界各国和主要经济组织最为关注的经济指标之一,除了作为一国货币的全球平均汇率水平的反映,由于测算过程重点在于各国汇率权重和剔除价格因素两方面,因此实际有效汇率也被视为间接反映一国国际贸易地位和金融地位的重要指标[1]。

目前包括国际货币基金组织(IMF)和世界银行(World Bank)在内的主要国际组织,以及美联储、欧洲中央银行、英格兰银行等国家和地区金融机构都会根据自己的测算方法发布重点地区的实际有效汇率指数,作为衡量经济发展水平的重要参考指标,其中以 IMF 的影响力和权威性最高。不同测算方法的比较已有前人做过大量研究工作,本书直接引用巴曙松等学者所整理的研究结果[2]。

表 3-1　代表性组织机构的实际有效汇率测算方法比较

机构名称	包含国家数目	备注
国际货币基金组织	185	包括工业系统方法的 164 个国家和地区,以及全球方法的 16 个国家

---

① 姜波克:《国际金融新编(第三版)》,复旦大学出版社 2001 年版。

② 巴曙松、吴博、朱元倩:《关于实际有效汇率计算方法的比较与评述》,《管理世界》2007 年第 5 期。

机构名称	包含国家数目	备注
世界银行	252	以 2005 年为基年,包括全球 252 个国家和地区
国际清算银行	52	自 1994 年开始纳入了亚洲、中东欧和拉美新兴市场国家
经济合作与发展组织	47	包括 30 个 OECD 成员国、7 个动态亚洲经济体和 5 个主要新兴市场国家
美联储	26	包括占其贸易总量 90% 以上的主要国家和地区,如中、欧、加、日等
欧洲央行	39	包括发达国家、新兴市场国家和转型国
英格兰银行	24	分为使用英镑和不使用英镑的国家

虽然不同组织机构在不同国家地区一篮子货币的样本选择范围上存在差异,但是在基本的计算方法上是基本一致的,即多数有关实际有效汇率的测算均采用几何加权平均的方法。基本公式如公式(3.1)所示,其中 $NEER$ 代表实际有效汇率,e 为直接标价下的实际汇率水平,w 代表不同货币在计算公式中所占的权重。与之相对应的是算数加权平均法,如公式(3.2)所示。

$$REER = 100 * \prod_t^n e_i(t)^{w_i} \tag{3.1}$$

$$REER = \sum_i^n w_i e_i(t) \tag{3.2}$$

几何加权平均的方法之所以应用更加广泛的主要原因在于,在处理同一种货币相同比例的比值变化时,其所得到的实际有效汇率值将不受影响,从而保证计算结果更加稳定,具体论证详见 Brodsky[1] 的相关研究。

因此,使用几何平均方法计算实际有效汇率指数在结果的科学性和可比性方面都具有一定的优势。然而更重要的是,在两种方法计算结果差异较小时,如果希望进一步通过指数分解对实际有效汇率计算公式进行变形拆分,从而具体分析构成汇率指数的各个部分在汇率波动过程中的影响大小,则需要实际有效汇率的计算方法具备可分解的便利性,在这一方面,算术加权平均法更有优势。关于汇率指数分解的公式推导和分析见本章第五节。

---

[1] Brodsky, D., "Arithmetic versus Geometric Effective Exchange Rates?", *Weltwirtschaftliches Archiv*, 1982, 118. pp.546-562.

对参考国家及其权重的选择和设定是各类方法的主要不同,出于本国计算的需要,各国往往选择与自身经济贸易往来密切的国家作为参考国,而国际性组织的研究则基本上覆盖全球主要的国家和地区[①]。在权重的设定方面,计算方法主要包括根据单向贸易量(进口总量占比或出口总量占比)、贸易总量(进出口总额)或"独立市场效应"(第三国间接贸易量)为依据等方法。目前应用较广泛的是 IMF 全球体系中使用的"国际贸易流方法",即采用双边贸易进出口份额作为计算权重的依据,如公式(3.3)所示,其中,w 表示 i 国汇率在实际有效汇率指数中所占权重,m 表示本国进口总量,x 表示本国出口总量,S 和 W 分别表示 i 国对本国出口量和进口量占本国进出口量的比重。

$$w_i = \frac{M_0}{M_0 + X_0} S_0^i + \frac{X_0}{M_0 + X_0} W_i^0 \tag{3.3}$$

巴曙松等学者在此基础上提出了对人民币实际有效汇率的测算方法,在计算公式与权重方面与 IMF 的方法基本一致,如公式(3.4)所示。

$$w_i = \frac{M_0}{M_0 + X_0} w_i^m + \frac{X_0}{M_0 + X_0} w_i^x \tag{3.4}$$

其中,w_i^m 和 w_i^x 分别代表其他国家在中国总进口和总出口当中所占的比重,

$$w_i^m = \frac{m_0^i}{m_0} = m_0^i \Big/ \sum_{i=1}^n m_0^i \tag{3.5}$$

$$w_i^x = \frac{x_0^i}{x_0} = x_0^i \Big/ \sum_{i=1}^n x_0^i \tag{3.6}$$

在此基础上,为了更客观地反映各国在不同贸易伙伴国的竞争力,国际清算银行、欧洲央行和美联储等组织引入"第三市场"或"独立市场"的概念。所谓"第三市场",是指除了本国和测算国之外的国家或地区,既是本国重要的出口目的地,也在测算国的出口份额中占有一定的比重,即本国和测算国在非两国区域范围内具有同类产品出口方面的竞争关系的国家或地区。根据定义,引入独立市场的测算方法的权重计算公式与公式(3.3)形式相同,主要区别在于出口权重 w_i^x 的计算方法,如公式(3.7)所示,其中 x_j^i 和 x_j^k 表示 j 国对 i 国和 k 国的出口,同理 x_i^k 表示 i 国对 k 国的出口,$\sum_h x_h^i$ 和 $\sum_h x_h^k$ 分别表示 i 国和 k 国的总进

---

① 章和杰:《人民币有效汇率指数的构造及权重的确定》,《当代财经》2005 年第 3 期。

口。因此,一国汇率的权重由两部分构成:一是 j 国对 i 国的出口占 j 国总出口量的比重与 i 国国内生产商品在国内消费中的比重之乘积构成,表示如果目标国①对参考国②的出口占目标国总出口的份额较大或参考国自身的开放程度较低(自身生产在自身消费中的比例较高)时,则该参考国的出口权重相对较高——两国在参考国市场上的竞争关系较强;二是目标国对第三市场国家的出口占目标国总出口的份额与参考国对第三市场国家的出口占第三市场国家总消费的比重之积构成,表示如果目标国对第三市场国的出口占其总出口份额越高或参考国出口在第三市场消费的份额越大时,该参考国的出口权重越高——两国在第三市场上的竞争关系较强。

$$w_i^x = \left(\frac{x_j^i}{x_j} \right) \left(\frac{y_i}{y_i + \sum_h x_h^i} \right) + \sum_k \left(\frac{x_j^k}{x_j} \right) \left(\frac{x_i^k}{y_k + \sum_h x_h^k} \right) \tag{3.6}$$

该方法能够更加全面地反映两国货币在全球范围内竞争力,因此在国际组织层面的应用非常广泛,而其难点则在于对第三市场国家的选择和模型的复杂程度。

除此之外,学界在使用直接汇率标价法还是间接汇率标价法、有关商品贸易和服务贸易数据的选择、价格平减指数的选取以及计算基年和报告频率的选择等方面均有不同的方法(见表 3-2),但对计算结果的影响不大。

表 3-2 实际有效汇率相关研究汇总表

作者	方法	涉及国家和地区
俞乔(2000)	双边贸易模型,进出口权重	美国、日本、德国、英国、法国、加拿大、意大利、西班牙、荷兰、比利时、澳大利亚、瑞士、瑞典、爱尔兰和 8 个亚洲新兴经济体(中国香港、韩国、新加坡、中国台湾、马来西亚、泰国、印尼和菲律宾)
范从来等(2004)	使用平均贸易份额作为权重	美国、加拿大、英国、德国、法国、意大利、荷兰、俄国、澳大利亚、日本、新加坡、韩国、中国香港、中国台湾

---

① 目标国即以计算该国的实际有效汇率为目标的国家或地区。

② 参考国即该国是组成实际有效汇率一篮子货币的国家之一,需计算该国在一篮子汇率中的权重。

续表

作者	方法	涉及国家和地区
万正晓(2004)	以5年为一个时段分别计算贸易权重	日本、美国、中国香港、中国台湾、韩国、德国、马来西亚、新加坡、英国、荷兰、澳大利亚、意大利、泰国、法国和加拿大
许少强等(2006)	按每年的贸易额计算各个年份的贸易权重	美国、加拿大、日本、丹麦、芬兰、法国、德兰、荷兰、挪威、瑞典、英国、韩国、中国香港、马来西亚、新加坡、泰国
沙文兵(2007)	以双边贸易额占中国同贸易伙伴国家和地区贸易总额的比重作为权重	美国、日本、香港、中国台湾、韩国、德国、法国、英国、新加坡、泰国、加拿大、荷兰、意大利、澳大利亚、印尼和马来西亚

第三节 模型初步结果分析

宏观经济指标是影响和反映相对价格水平、对外贸易条件和国别结构的基础,因此在具体分析人民币实际有效汇率及其通过相对价格和贸易渠道的传导机制之前,对 GDP 和进出口贸易额等关键指标进行分析,能够为下一步理解实际有效汇率的影响和传导机制奠定基础。

因为用于校准 CGE 初始参数设定的 GTAP 数据库是以 2007 年全球各地区社会核算矩阵为数据基础,因此为本书提供了从 2008 年至 2013 年的模型对比空间。通过将模型运算得到的 2008—2013 年主要经济体 GDP 和进出口贸易量等关键经济指标与实际值进行比对,可以判断模型在数据模拟方面的效果,同时能够基于一定的事实依据对模型参数进行校准修正。本书选取主要国家和地区 GDP 增长率、进出口贸易增长率和二氧化碳排放总量增长率三个指标作为检验 CGE 模型模拟结果的参考依据,以世界银行公布的 World Bank Database 数据库作为真实数据,目前该数据库的最新数据截至 2012 年。

从 GDP 增长率的角度看,在以 GTAP 数据库为基准数据的 CGE 模型中,所有价格度量单位均为剔除了通货膨胀因素的实际价格水平,因此同样使用 WBD 中基于购买力平价调整的实际 GDP 计算增长率,经过校准后的 CGE 模型结果及其与实际值得的对比情况如表 3-3 所示。

表 3-3　中国实际 GDP 增长率的模型结果与真实值对比

年份	模型结果	实际值	偏差值
2008	7.9%	9.60%	1.66%
2009	8.5%	9.20%	0.70%
2010	8.9%	10.40%	1.50%
2011	8.3%	9.30%	1.00%
2012	7.5%	7.80%	0.30%

　　由于样本数量较少,虽然无法用一般计量方法对模型结果进行检验,但从关键年份数据的偏差率角度而言,CGE 模型的模拟结果与实际经济运行状况基本一致,略低于实际水平,特别是在 2009 年和 2011 年,由于"次贷危机"和全球金融危机引发的全球经济增长放缓,虽然模型中未能出现实际 GDP 增长速度的快速下滑,但模型给出的相对较平稳的增长速度恰好与实际值增势扭转而达到的增长速度基本一致(误差值仅为 0.03% 左右)。

　　在增长趋势方面,模型结果显示全球 GDP 增长速度在 2010—2011 年开始放缓,而实际值显示除 2009—2010 年出现短暂波动外,GDP 增速同样是在 2010 年以后呈现出持续放缓的趋势(图 3-3)。因此,根据实际 GDP 增速指标,可初步认为本书构建的全球多区域 CGE 模型在该指标的模拟效果方面是稳定的。

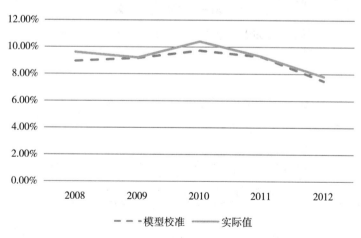

图 3-3　中国 GDP 增长率的模型计算值与实际数值对比

　　本书构建全球模型的研究重点是考察实际有效汇率的变化情况,必须将我国主要贸易伙伴和世界主要经济体均纳入研究范围。因此,同样给出 CGE 模型对其他国家和地区的实际 GDP 增长率模拟结果,见本章附表 3-1。

通过模型结果与实际测算值的比较可以发现,除个别国家和地区的个别年份外(如 2009 年的俄罗斯和南非、2010 年的巴西),CGE 模型对主要经济体 GDP 增长轨迹的整体模拟效果比较良好。在此基础上,鉴于贸易份额在构建各国双边汇率在实际有效汇率指数权重当中的重要性,将进一步对主要国家进出口贸易总量的模拟结果进行检验(具体结果见本章附表 3-2、附表 3-3)。在此,仍以中国进口额增长率为例(图 3-4),对 CGE 模拟结果进行分析。由图 3-4 可知,虽然在进口增长率方面,模型的结果不如 GDP 增长率的拟合效果理想,这主要是因为 2008 年进口增长率的大幅降低和 2010 年进口增长率的快速提高,而出现增长率剧烈波动的主要原因是国内产业经济结构和货币财政政策的调整。除此之外,CGE 模型在预测进口额增长趋势方面与实际情况大致相同。因此,本书构建的全球多区域 CGE 模型在对 2007—2012 年全球主要经济体宏观经济的模拟方面具有比较良好的效果。

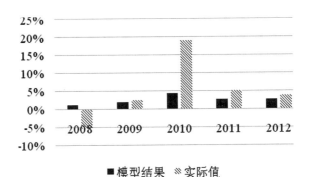

图 3-4 中国进口额增长率的模型值与实际值对比

第四节 人民币均衡实际有效汇率
走势与汇率失调程度分析

基于本章第二节有关实际有效汇率的计算方法的讨论,本书采用以下方法对人民币均衡实际有效汇率进行测算:

计算方法方面,采用算术加权平均的方法,各国汇率的比重以乘子的形式进入计算公式当中①;权重计算方面,为了能与 IMF 等组织所计算的实际均衡汇率更具可比性,采用"第三市场国家"的方法,除了计算中国与参考国家相互之间的贸易份额,同时考虑对双方均非常重要的第三国家市场上的竞争关系(公式(3.4)、公式(3.5)、公式(3.7));在参考国家的选取方面,以美国、欧盟、俄罗斯、印度、巴西、南非、日本和韩国为主要贸易伙伴国代表,其中将欧盟作为一个统一区域纳入实际有效汇率的计算,是对此前研究往往仅选取欧洲代表性国家(如英国、德国、法国等)而忽略欧盟统一政策的重要改进②;在汇率选择方面,同样基于计算结果可比性的考虑采用单位人民币的美元兑换率的间接标价法③;在价格平减方面,由于 GTAP 数据库本身表示的就是剔除价格因素的实际价格水平,因此全球 CGE 模型得到的均衡价格和汇率可以直接理解为实际价格和实际汇率水平,无需进一步平减;在报告基期方面,以 GTAP 数据库的基准年份2007 年为准,至 2020 年共 13 期。

对 2007—2012 年人民币实际有效汇率的理论均衡值测算结果如表 3-4 所示,同时给出了世界银行发布的人民币实际有效汇率指数作为实际参考值,用于计算均衡实际有效汇率指数的主要贸易伙伴国实际汇率、一篮子货币权重和独立计算的"第三市场"出口竞争力权重的计算结果见本章附表 3-4、附表 3-5、附表 3-6。根据汇率失调④的定义(Williamson John,1985),实际有效汇率的现实值与理论均衡值的偏离程度,即可作为人民币汇率失调程度的反映,并且同时显示出人民币升值(或贬值)的压力。根据模型结果,2008—2012 年⑤,我国人民币实际有效汇率的实际值均高于模型得到的理论均衡值水平,升值速度远远快于均衡汇率水平,说明人民币实际有效汇率在近五年来存在着一定程度的"高估",且高估程度逐渐扩大,人民币升值压力也因此呈现逐渐增大的趋势。特别

---

①　同时给出几何平均方法的计算结果作为参考,由于算术平均与几何平均之间的变化趋势上是一致的,而算术平均的波动更大,在两者计算结果差异不大时,由于算术平均的分解难度相对更低,可用于近似计算。

②　能够做出如此改进的重要原因是 GTAP 数据库和 CGE 模型提供了大量的国别贸易数据和可以合并的数据结构。

③　同时给出直接标价法的计算结果作为参考。

④　汇率失调,也称汇率错位(misalignment),是指现实的汇率对其均衡水平的偏离(Williamson,1985)。

⑤　因为世界银行实际有效汇率指数的计算基年为 2005 年,而全球 CGE 模型的基年为 2007 年,因此为了保证结果的可比性,本书将模型计算结果与世界银行公布的实际数据统一以 2007 年为基年进行调整。

是在 2009 年,人民币汇率失调程度明显加重,这恰巧与美国"次贷危机"的全球蔓延以及中国 4 万亿元投资政策实施的时间一致。

表 3-4　人民币实际有效汇率的汇率失调程度①

	2008 年	2009 年	2010 年	2011 年	2012 年
理论均衡值	106.4742	107.0604	108.1033	108.915	109.8274
实际值	115.3	119.2	118.7	121.9	128.9
汇率失调程度	7.65%	10.18%	8.93%	10.65%	14.80%

由于实际有效汇率指数的测算主要依据伙伴国贸易权重(贸易国别结构)、国内实际价格水平与贸易国价格水平(相对价格水平)三项指标,因此,通过下文对实际有效汇率指数的解构,能够进一步明确全球"一篮子"人民币实际有效汇率均衡值的走势。

需要强调的是,由于 CGE 模型的主要功能是在实际经济数据基础之上,对经济运行的合理模拟,并在此基础上分析潜在政策可能带来的经济影响。本书构建的全球多区域 CGE 模型虽然在理论和方法上与自然均衡汇率方法相似,但仅仅基于 2007 年的单一年份数据外推得到的相关经济指标的模拟值,在基准情景之下,很难对类似于金融危机等巨大经济冲击进行全面准确的模拟。因此,分析基准情景下的 CGE 模拟结果,更重要的作用体现在以下两个方面:

其一,通过关注主要经济指标的变化情况(如 GDP 增长率),模拟经济发展的一般趋势,并通过对国内外实体经济部门关联指标(如部门产出)的分析,找出影响特定指标(如实际有效汇率)变化的原因——因此,本书第五节将通过汇率指数分解的方法,分析部门产出、国际贸易等实体经济指标的变化对实际有效汇率的影响。

其二,在基准情景基础上,分析某种特定政策(如气候壁垒)对特定指标的影响程度以及影响机制,从而为潜在的政策手段提供一种可能的理论与方法桥梁——因此,本书第四章将通过全球多区域 CGE 模型模拟气候壁垒(包括边境碳税调整和碳标签)。

---

① 本表为几何加权平均的间接汇率标价法,与 IMF、BIS 等计算方法相同,有关直接标价法和算术加权平均的计算结果对比见本章附表 3-7。

第五节　人民币实际有效汇率分解分析——基于 LMDI 汇率指数分解的研究

一、实际有效汇率的影响因素

从实际汇率理论出发,购买力平价原理作为汇率理论的基础和相对客观的测算方法,认为决定两国间均衡汇率水平的最重要因素是两国实际价格水平之比,因此对于人民币实际有效汇率而言,国内实际价格水平和伙伴国实际价格水平的相对变化构成了人民币实际有效汇率波动的基本贡献因素。而作为能够反映一国货币对外价值的有效汇率指数,贸易伙伴国的实际汇率权重或贸易国别结构成为约束相对价格水平对实际有效汇率影响范围的因子。

因此在绝对购买力平价的框架下,基于实际有效汇率指数的测算方法,本书认为影响人民币实际有效汇率变化的因素及相关性如下:本国实际价格水平构成对人民币实际有效汇率的负相关因素,伙伴国实际价格水平构成对人民币实际有效汇率的正相关因素,在间接标价法表示的实际有效汇率中,本国实际价格水平越高或伙伴国实际价格水平越低,则人民币实际汇率越低,在贸易权重不变的情况下实际有效汇率降低、人民币贬值。伙伴国的贸易权重即贸易的国别结构与实际有效汇率成正相关性。因此,使用恰当方法将三类因素进行分解,把握各期实际有效汇率指数变化过程中的来自不同因素的贡献度,是进一步聚焦相关政策设计的国家落脚点和部门落脚点的关键。

二、LMDI 指数分解方法

根据模型基准情景结果显示,人民币在 2007—2012 年内的升值压力逐渐增大,汇率失调程度加重,表现为均衡汇率水平的相对平稳小幅升值和真实汇率水平的快速升高[1]。对于影响真实汇率水平变化因素的分析往往通过基于历史数据

---

[1]　根据世界银行数据显示,2012 年人民币实际有效汇率水平比 2007 年提高了 22%。

的行为均衡汇率等单方程实证的方法进行研究①,而非本书的研究重点。同时,以 GTAP 数据库为基础的全球 CGE 模型已经先验地剔除了通胀因素,因此与此前许多学者重点关注价格和利率等因素对金融有效汇率的影响的研究方向也不同。相应地,本书将尝试针对人民币实际有效汇率的动态变化,通过对实际有效汇率指数的分解,从结构上找出相互关联、共同影响人民币升值压力的实体经济因素。

目前学界对人民币实际有效汇率的分解研究并不多见,多数所谓的汇率分解往往是在名义汇率基础上将其分解为相对生产率(巴拉萨—萨缪尔森条件)、财政平衡、基本面价格水平(如石油价格)和利率等因素(IMF,1997)。肖立晟、郭步超构建了中国与主要经济体双边金融资产权重和中国金融实际有效汇率,并将该指数分解为套利动机(利差)和套汇动机(汇差)两类因素。然而,到目前为止,绝大多数研究往往基于理论论证或独立的实证方法对汇率进行类似于因果关系的分解,尚没有出现基于实际有效汇率指数测算方程的汇率分解研究,因此无法对实际有效汇率波动进行结构性的解释。本节提出将能源环境经济学领域得到广泛应用和认可的 LMDI 指数分解方法引入对实际有效汇率指数的分解分析中。

LMDI(Logarithmic Mean Divisia Index)分解法,亦称之为对数平均迪氏指数分解法,是能源经济学领域分析温室气体排放强度等指标的常用方法,由 IDA(Index Decomposition Analysis)方法扩展而来。该方法最早由 Divisia 提出②,后经诸多学者在处理"余项"③和负值方面的改进而不断完善。其基本思想是将一个总量的点对点变化情况,通过指数分解的形式,将其计算方程结构改写成几个相互独立且有实际含义的指标的变化情况,从而区分某一指标变化过程中的"活动效应""结构效应"和"强度效应"。LMDI 方法在我国也被广泛用于能源

① 黄昌利:《人民币实际有效汇率的测算与解析:1990—2007》,《金融理论与实践》2007 年第 336 期。

② Divisia,F.L' indice monétaire et la théorie de la monnaie, *Revue d´Economie Politique*,1925,39.pp. 980-1008.

③ Liu X.Q.,Ang,B.W.,Ong,H.L.,"The Application of the Divisia Index of the Decomposition of Changes in Industrial Energy Consumption", *Energy Journal*,1992,13(4),pp.161-177.

强度[1]和二氧化碳排放强度[2][3]的指标分解研究中。

三、实际有效汇率的 LMDI 指数分解

由于实际有效汇率指数的测算指标仅涉及实际汇率(相对价格水平)及其权重(贸易份额或贸易国别结构),因而其对实际有效汇率指数的分解重点为宏观经济基本面,而非货币、利率等金融工具的影响。因此,就反映一国实体经济竞争力的根本目标而言,如果能够利用 LMDI 方法成功分解实际有效汇率变化的结构性因素,将是进一步聚焦实体经济、合理设计布局产业发展的重要依据。下面给出运用 LMDI 方法分解实际有效汇率的公式推导步骤。

考虑算术加权平均法下的人民币实际有效汇率指数[4],为了简化公式,选取美国、俄罗斯和印度为三个一篮子货币参考国家为例,同时选择间接汇率标价法,因此有间接标价的人民实际有效汇率指数 $IREER_{CHN}$ 的计算公式(3.7),其中 w_1、w_2、w_3 分别表示人民币与美元、卢布和印度卢比的实际汇率权重,p_{iCHN}、p_{iUSA}、p_{iRUS} 表示各国家各部门的实际价格水平,y_{ni} 表示相应国家各部门产出占总产出的权重。因此 $\sum_i y_{0iCHN} p_{iCHN}$ 即表示中国的实际价格水平,$\sum_i y_{1iUSA} p_{iUSA} / \sum_i y_{0iCHN} p_{iCHN}$ 表示以中美两国相对实际价格水平和部门产出权重计算的间接实际汇率(购买力平价)。

$$IREER_{CHN} = w_1 \frac{\sum_i y_{1iUSA} p_{iUSA}}{\sum_i y_{0iCHN} p_{iCHN}} + w_2 \frac{\sum_i y_{2iRUS} p_{iRUS}}{\sum_i y_{0iCHN} p_{iCHN}} + w_3 \frac{\sum_i y_{3iIND} p_{iIND}}{\sum_i y_{0iCHN} p_{iCHN}}$$

$$(3.7)$$

$$IREER_{CHN} = \frac{w_1 \sum_i y_{1iUSA} p_{iUSA} + w_2 \sum_i y_{2iRUS} p_{iRUS} + w_3 \sum_i y_{3iIND} p_{iIND}}{\sum_i y_{0iCHN} p_{iCHN}} \quad (3.8)$$

---

[1] 韩智勇、魏一鸣、范英:《我国能源强度与经济结构变化特征研究》,《数理统计与管理》2004 年第 1 期。

[2] Libo Wu, "Dynamics of Energy-Related CO_2 Emissions in China during 1980-2002: the Relative Importance of Energy-Supply Side and Demand-Side Effects", *Energy Policy*, 2006. pp.87-99.

[3] 许士春、习蓉、何正霞:《中国能源消耗碳排放的影响因素分析及政策启示》,《资源科学》2012 年第 34 期。

[4] 根据本章附表 3-7 算术加权平均与几何加权平均的计算结果差异并不明显且在趋势分布方面完全一致,因此选取分解更为简便的算术加权平均法。

设 RP_n 为第 n 个国家的实际价格水平,即 $RP_n = \sum_{ni} w_{ni}$,则公式(3.8)可简写

为: $IREER_{CHN} = \dfrac{\sum_n w_n RP_n}{RP_{CHN}}$ (3.9)

设 $Y_{CHN} = \dfrac{1}{RP_{CHN}}$, $E = IREER_{CHN}$,则有第 t 期的实际有效汇率:

$$E_t = Y_{CHNt} \cdot \sum_n w_{nt} RP_{nt}$$ (3.10)

因此,基期与其后第一期的实际有效汇率变化可表示为:

$$\Delta E = E_1 - E_0 = \sum_n (E_{1n} - E_{0n})$$ (3.11)

设 $W = \dfrac{(E_{1n} - E_{0n})}{(ln\, E_{1n} - ln\, E_{0n})}$,则有:

$$\Delta E = \sum_n W_n(lnE_{1n} - lnE_{0n}) = \sum_n W_n ln\left(\frac{Y_{1CHN}}{Y_{0CHN}} \frac{w_{1n}}{w_{0n}} \frac{RP_{1n}}{RP_{0n}}\right)$$

$$= \sum_n W_n ln\frac{Y_1}{Y_0} + \sum_n W_n ln\frac{w_{1n}}{w_{0n}} + \sum_n W_n ln\frac{RP_{1n}}{RP_{0n}}$$ (3.12)

公式(3.12)可进一步简化为:

$$\Delta E = \Delta RP_{CHN}(-) + \Delta w_n(+) + \Delta RP_n(+)$$ (3.13)

其中 ΔRP_{CHN} 表示人民币实际价格水平变化的倒数, Δw_n 表示贸易伙伴国权重变化, ΔRP_n 表示贸易伙伴国实际价格水平的变化情况。公式(3.13)成功地将实际有效汇率分解为本国实际价格变化因素、贸易权重改变以及伙伴国国实际价格变化因素三个部分,从而能够对人民币实际有效汇率的变动进行结构化分析,并能够通过部门实际价格水平的进一步分解锁定部门产出水平的调整幅度。表3-5给出了2008—2012年间人民币实际有效汇率指数在均衡状态下的LMDI分解结果。

表3-5　人民币实际有效汇率指数的LMDI分解结果

	2008 年	2009 年	2010 年	2011 年	2012 年
国内价格效应 ΔRP_{CHN}	0.01682	0.00534	0.008726	0.008606	0.010419
贸易结构效应 Δw_n	0.034246	0.075148	0.097024	0.024184	0.043686
国外价格效应 ΔRP_n	−0.04278	−0.07492	−0.09587	−0.0251	−0.04545
REER 变动情 $\Delta REER$	0.008287	0.005567	0.009877	0.007687	0.008651

影响人民币实际有效汇率升值的正向因素包括国内价格效应和贸易结构效应①两部分,其中导致近年来人民币均衡实际有效汇率水平不断提高的主要推动力来自贸易国别结构的调整、主要贸易伙伴国贸易份额的扩大,文章着笔之时,中国已超过美国成为全球最大的贸易国家,不断扩大的进出口贸易规模特别是出口规模,使得我国制造业在全球范围内的市场竞争力进一步增强,实际有效汇率的提高成为必然之势。

国内产出的实际价格水平对实际有效汇率的贡献相对较低,且保持稳定;相较而言,主要贸易伙伴国的实际价格水平则产生了较大的负面效应,国外实际价格水平的持续下降,构成了对人民币贬值的最大外部压力。由于各国实际价格水平由国内各部门实际价格基于其产出占总产出的权重进行加权得到,因此伙伴国实际价格水平贡献度下降的原因可能来自于国外部门产出水平的下滑或实际价格水平的下跌。

由于本章的重点是构建全球多区域CGE模型的基准情景,并用于分析实际有效汇率的失调程度,无需对特定政策冲击带来的部门产出波动进行深入分析,因此,本章节不做进一步的部门和区域分解。

第六节　本章小结

通过上一章中构建的全球多区域可计算一般均衡模型,对2008—2012年基准情景下全球主要经济体宏观经济运行状况进行了模拟,给出了GDP、进出口贸易额以及实际有效汇率走势,并作为分析近年来人民币实际有效汇率失调程度及原因的依据。模型结果表明,2008—2012年间,我国人民币实际有效汇率高于理论均衡水平值,人民币处于被高估状态,具有贬值压力,其中外部经济环境的变化和国内经济结构的调整均对我国经济增长和对外贸易产生了较大影响。以此为基础,通过人民币实际有效汇率指数LMDI分解方法,将该阶段内人民币汇率变化情况分解为贸易国别结构因素、国内价格水平因素以及国外价格

---

① 此处贸易结构效应为"对外贸易国别结构效应"的简称,即各伙伴国在人民币实际有效汇率计算公式中基于其贸易份额占比的权重大小。

水平因素三方面,分解结果表明,基准情景下,我国对外贸易条件的持续改善、与主要经济体贸易往来更加密切仍是近年来人民币升值的主要原因,而国外相对实际价格水平的下降是人民币贬值的主要压力来源。

本章分析的重点是运用 CGE 模型给出基准情景并与实际经济数据进行比对,而在得到 2008—2012 年计算结果的同时,通过模型的动态化可以进一步给出对 2014—2020 年的基准情景模拟结果,作为第四章和第五章对气候壁垒等政策模拟的主要依据,起到研究思路方面承上启下的作用。

附　　录

附表 3-1　全球主要经济体实际 GDP 增长率的模型结果与真实值对比

	年份	模型结果	实际值	误差值	误差率
中国	2008	8.94%	9.60%	0.66%	0.0683
	2009	9.17%	9.20%	0.03%	0.0036
	2010	9.72%	10.40%	0.68%	0.0652
	2011	9.27%	9.30%	0.03%	0.0034
	2012	7.47%	7.80%	0.33%	0.0422
美国	2008	−0.23%	−0.29%	−0.06%	0.2136
	2009	−2.04%	−2.80%	−0.76%	0.2727
	2010	0.25%	2.51%	2.25%	0.8984
	2011	0.43%	1.85%	1.41%	0.7659
	2012	0.13%	2.78%	2.65%	0.9530
欧盟	2008	0.49%	0.40%	−0.09%	−0.2238
	2009	−5.28%	−4.50%	0.78%	−0.1731
	2010	1.23%	2.00%	0.77%	0.3832
	2011	−0.77%	1.60%	2.37%	1.4832
	2012	−0.91%	−0.40%	0.51%	−1.2625

	年份	模型结果	实际值	误差值	误差率
俄罗斯	2008	3.11%	5.25%	2.14%	0.4075
	2009	3.67%	−7.82%	−11.49%	1.4687
	2010	3.00%	4.50%	1.50%	0.3332
	2011	1.87%	4.29%	2.42%	0.5639
	2012	1.63%	3.44%	1.82%	0.5275
印度	2008	4.13%	3.89%	−0.24%	−0.0624
	2009	4.48%	8.48%	4.00%	0.4716
	2010	4.53%	10.55%	6.02%	0.5706
	2011	3.72%	6.33%	2.61%	0.4131
	2012	3.20%	3.24%	0.04%	0.0118
巴西	2008	4.74%	5.17%	0.43%	0.0835
	2009	−0.30%	−0.33%	−0.03%	0.0778
	2010	−0.33%	7.53%	7.87%	1.0441
	2011	0.22%	2.73%	2.52%	0.9210
	2012	0.07%	0.87%	0.80%	0.9177
南非	2008	−0.21%	3.62%	3.83%	1.0578
	2009	1.43%	−1.53%	−2.95%	1.9351
	2010	1.94%	3.09%	1.15%	0.3722
	2011	1.00%	3.46%	2.46%	0.7116
	2012	1.27%	2.55%	1.28%	0.5028

附表 3-2　CGE 模型主要国家和经济体进口额增长率与实际值对比①

	年份	模型结果	实际值	误差值	误差率
中国	2008	1.19%	-5.25%	-6.44%	1.227134
	2009	1.94%	2.42%	0.48%	0.198925
	2010	4.34%	19.07%	14.73%	0.772221
	2011	2.57%	5.06%	2.49%	0.491538
	2012	2.75%	3.81%	1.06%	0.279306
美国	2008	-1.02%	-2.65%	-1.63%	0.615473
	2009	-1.26%	-13.66%	-12.40%	0.907918
	2010	1.75%	12.76%	11.01%	0.863182
	2011	-0.57%	4.86%	5.43%	1.118015
	2012	0.22%	2.22%	2.00%	0.901133
俄罗斯	2008	1.53%	14.80%	13.27%	0.896484
	2009	3.63%	-30.40%	-34.03%	1.119288
	2010	5.41%	25.80%	20.39%	0.790323
	2011	3.57%	20.30%	16.73%	0.824206
	2012	0.92%	8.70%	7.78%	0.894048
印度	2008	1.35%	22.71%	21.36%	0.940419
	2009	0.13%	-2.14%	-2.27%	1.062289
	2010	-0.72%	15.81%	16.54%	1.045714
	2011	0.99%	21.49%	20.49%	0.953761
	2012	1.03%	6.76%	5.73%	0.847514

① 世界银行未公布欧盟作为统一独立区域的相关经济数据指标,只是简单地将欧盟27国经济数据加总,在数据的准确性方面效果较差。鉴于目前已有全球多个区域可作为数据分析的依据,且保证数据来源和统计方法的统一性,因此暂时将欧盟相关指标空缺。

续表

	年份	模型结果	实际值	误差值	误差率
巴西	2008	−1.84%	15.36%	17.20%	1.120063
	2009	−1.77%	−7.60%	−5.83%	0.767177
	2010	−4.44%	35.84%	40.28%	1.123863
	2011	−1.61%	9.75%	11.36%	1.165392
	2012	−0.01%	0.22%	0.23%	1.028629
南非	2008	−0.57%	1.51%	2.08%	1.373766
	2009	−3.68%	−17.39%	−13.71%	0.788241
	2010	−4.95%	9.56%	14.50%	1.517524
	2011	−1.26%	9.72%	10.98%	1.1297
	2012	−1.89%	6.29%	8.17%	1.30008

附表 3-3　CGE 模型主要国家和经济体出口额增长率与实际值对比[①]

	年份	模型结果	实际值	误差值	误差率
中国	2008	36.68%	−102.73%	−139.40%	1.357025402
	2009	33.70%	−1181.1%	−1214.8%	1.028531016
	2010	576.04%	2657.45%	2081.41%	0.783235236
	2011	400.96%	395.79%	−5.17%	−0.01306810
	2012	417.90%	283.91%	−133.99%	−0.47193905
美国	2008	350.51%	573.67%	223.16%	0.38900654
	2009	322.19%	−907.11%	−1229.3%	1.355184817
	2010	−24.23%	1147.87%	1172.10%	1.021104502
	2011	23.61%	707.41%	683.80%	0.966623788
	2012	102.48%	353.87%	251.39%	0.710400247

① 世界银行未公布欧盟作为统一独立区域的相关经济数据指标,只是简单地将欧盟 27 国经济数据加总,在数据的准确性方面效果较差。鉴于目前已有全球多个区域可作为数据分析的依据,且保证数据来源和统计方法的统一性,因此暂时将欧盟相关指标空缺。

	年份	模型结果	实际值	误差值	误差率
俄罗斯	2008	15.75%	60.00%	44.25%	0.737457043
	2009	217.23%	−470.00%	−687.23%	1.462201141
	2010	691.22%	700.00%	8.78%	0.012543644
	2011	206.98%	30.00%	−176.98%	−5.89943721
	2012	−55.85%	180.00%	235.85%	1.310301351
印度	2008	287.56%	1459.74%	1172.18%	0.803005513
	2009	162.23%	−468.54%	−630.78%	1.346251643
	2010	76.92%	1969.25%	1892.33%	0.960937582
	2011	246.78%	1534.26%	1287.48%	0.839154824
	2012	250.42%	296.32%	45.90%	0.154899946
巴西	2008	−19.86%	54.55%	74.41%	1.364090787
	2009	−22.36%	−912.59%	−890.23%	0.975497222
	2010	−286.83%	1151.87%	1438.70%	1.249012757
	2011	−8.68%	448.95%	457.63%	1.019344061
	2012	101.08%	47.35%	−53.73%	−1.13482449
南非	2008	−49.21%	175.39%	224.61%	1.280599885
	2009	−216.29%	−1953.1%	−1736.8%	0.889262812
	2010	−342.51%	453.38%	795.89%	1.755449655
	2011	22.05%	593.61%	571.56%	0.962850466
	2012	−39.32%	11.55%	50.87%	4.403286724

附表 3-4　主要贸易伙伴国实际汇率升值（或贬值）幅度（间接标价法）

实际汇率	2007 年	2008 年	2009 年	2010 年	2011 年	2012 年
美国	1	1.004428	1.006535	1.017213	1.025398	1.033399
欧盟	1	1.014014	1.019805	1.029768	1.038033	1.047642
巴西	1	1.005759	1.009895	1.022952	1.029664	1.036135
印度	1	1.003702	1.008163	1.018417	1.02188	1.025719
ROW	1	1.009053	1.018225	1.028197	1.035918	1.045219

续表

实际汇率	2007 年	2008 年	2009 年	2010 年	2011 年	2012 年
俄罗斯	0.999998	1.017685	1.034082	1.04384	1.050542	1.064471
南非	1.000001	1.002973	1.010644	1.02575	1.028325	1.03338

附表 3-5 主要贸易伙伴国实际汇率在一篮子汇率中的权重值

总权重	2007 年	2008 年	2009 年	2010 年	2011 年	2012 年
美国	1	1.03429	1.05534	1.04511	1.05365	1.06113
欧盟	1.27	1.25816	1.25035	1.22658	1.20928	1.20078
俄罗斯	0.1	0.10284	0.10666	0.11016	0.11276	0.11632
巴西	0.41	0.40201	0.4037	0.42942	0.44835	0.45665
印度	0.25	0.2454	0.23993	0.24318	0.2428	0.24211
南非	0.29	0.28663	0.28961	0.29089	0.28706	0.2904
日本+韩国	0.51	0.51701	0.51996	0.5179	0.5212	0.51953
ROW	1.18	1.19347	1.18791	1.18192	1.18533	1.18611

附表 3-6 主要贸易伙伴国针对"第三市场"的出口权重

	2007 年	2008 年	2009 年	2010 年	2011 年	2012 年
美国	1.75704	1.78449	1.78988	1.71152	1.68723	1.66192
欧盟	2.30787	2.23001	2.17436	2.06641	1.99296	1.93664
俄罗斯	0.17341	0.17568	0.1784	0.17917	0.18006	0.18193
巴西	0.7999	0.77938	0.77002	0.79758	0.81788	0.81766
印度	0.4704	0.46089	0.44175	0.43454	0.42485	0.41474
南非	0.56882	0.55656	0.55336	0.54103	0.52418	0.52049
日本+韩国	0.8769	0.86896	0.85778	0.8274	0.81499	0.79406
ROW	2.0634	2.0451	2.00275	1.93742	1.90891	1.87361

附表 3-7 不同测算方法下的人民币实际有效汇率失调程度

间接标价+几何加权	2008 年	2009 年	2010 年	2011 年	2012 年
理论均衡值	106.4742	107.0604	108.1033	108.915	109.8274
实际值	115.3	119.2	118.7	121.9	128.9
汇率失调程度	7.65%	10.18%	8.93%	10.65%	14.80%

续表

间接标价+算术加权	2008 年	2009 年	2010 年	2011 年	2012 年
理论均衡值	107.0631	108.106	108.9178	109.8313	106.4751
实际值	115.3	119.2	118.7	121.9	128.9
汇率失调程度	7.65%	10.18%	8.92%	10.65%	14.79%

第四章　碳关税对实际有效汇率的影响研究

第一节　研究气候壁垒对实际有效汇率影响的必要性

贸易条件是影响实际有效汇率的重要因素,而在影响贸易条件的政策中,最重要的当属关税等传统贸易壁垒,贸易壁垒能够通过影响实际 GDP、贸易结构、实际消费与投资等经济变量,对一国综合竞争力和实际有效汇率产生直接或间接的影响[1]。由于贸易壁垒是通过改变相对价格水平和贸易国别结构而将其影响传导至实际有效汇率的,而关于两类要素特别是一国对外贸易状况与实际有效汇率之间的关系在学界研究中尚存争论。

第一种争论是人民币实际有效汇率与中国对外贸易状况是否相关以及孰因孰果的分歧。韩青[2]、姚旦杰[3]等的实证分析结果认为实际汇率的变动是影响对外贸易变化的主要原因。相反的观点如查贵勇[4]认为我国对外贸易与人民币实际汇率之间存在着从贸易条件传导至实际汇率的正相关性,李惊雷[5]认为从农产品角度而言,对外贸易状况构成对实际有效汇率的单向诱因。然而,即使国

---

① 胡宗义、刘亦文:《金融危机背景下贸易壁垒对中国影响的动态 CGE 分析》,《国际贸易问题》2010 年第 8 期。

② 韩青:《中国的价格贸易条件恶化——基于影响因素的经验分析》,《世界经济研究》2007 年第 10 期。

③ 姚旦杰:《中国价格贸易条件影响因素的协整分析》,《商场现代化》2008 年第 10 期。

④ 查贵勇:《中国外贸条件和实际汇率关系的实证分析》,《国际贸易问题》2005 年 8 期。

⑤ 李惊雷:《人民币汇率变动对中国农产品的贸易条件效应的实证分析》,《农业技术经济》2009 年 5 期。

际贸易与实际有效汇率之间的关系未能定论,但以关税为代表的贸易壁垒对一国宏观经济、贸易结构和相对价格水平的影响是显而易见的,也是多方面的。

第二种争论是国际贸易对人民币实际有效汇率的影响究竟是升值压力还是贬值压力的讨论。孙兆明、张学忠[①]认为1978—2006年间,贸易条件的恶化(或改善)对人民币实际有效汇率有贬值(或升值)的压力,且两者之间属于单向因果关系。相反的观点如卜永祥、秦宛顺[②]运用动态一般均衡的方法,得出2001年后我国关税水平的降低使人民币的贬值压力有所增大的结论,其中贸易结构的调整是非常重要的因素之一。

随着中国入世后关税减让幅度的提高以及传统贸易壁垒的减少,与时代背景相结合的新兴贸易壁垒开始逐渐增多,并成为影响实际有效汇率的重要因素。然而由于许多新兴贸易壁垒仍处于设计阶段,并未真正实行,因此虽然许多政策(如碳关税)与传统贸易壁垒类似,但在缺乏可靠数据的情况下对其潜在影响的研究为数尚少(隐性壁垒),其中最为重要的代表性贸易壁垒当属气候壁垒。新兴贸易壁垒(如气候壁垒)是否与传统关税壁垒具有同样或相似的人民币实际有效汇率影响效果有待检验。

气候壁垒也称为气候环境壁垒是指以应对全球气候变暖、促进各国节能减排共同行动为目标的非传统关税贸易壁垒政策,根据政策类型可分为边境调整措施和气候型技术壁垒。随着各国对气候变化问题的重视以及污染排放的外延的扩展[③],气候壁垒的形式种类也会不断变化和增加。本书第五章和第六章分别选取气候变化领域研究最集中、实施潜力最大的两类气候壁垒——边境调整型气候壁垒(碳关税)和技术型气候壁垒(碳标签),进行研究和对比,以期从发展现状与趋势、经济和金融影响的定量分析以及应对政策安排等方面做出回答。

---

① 孙兆明、张学忠:《贸易条件与人民币汇率关系的再探讨》,《山东大学学报(哲学社会科学版)》2010年第3期。

② 卜永祥、秦宛顺:《关税、货币政策与中国实际均衡汇率》,《经济研究》2002年第5期。

③ "碳关税"一旦征收,会对欧盟内部从被征收"碳关税"国家进口产品的企业造成一定的成本增加。

第二节　碳关税问题概述

一、碳关税的源起和发展

欧美学术界和官方文件一般都不直接使用"碳关税"这一术语,而往往强调或使用"碳边境调节措施"或"边境碳税调整"的用语,因为"碳边境调节措施"与 WTO 或 GATT 的"边境调节措施"说法一致,而"碳关税"容易让人与贸易保护主义联系在一起,所以,欧美一般强调"碳边境调节措施"。"碳关税"或"碳边境调节措施"实际上包括三种形式:一是对进口高碳商品征收"碳关税",即通常所说的"碳关税";二是对高碳商品出口商的出口退税;三是对进口提出碳排放配额要求(如欧盟对航空业),后两者容易被忽略或没有被当成"碳关税"。"碳关税"实际上就是其中的任何一种或者三种形式的任意组合。"竞争力损失"问题和"碳泄漏"问题成为"碳关税"最主要的理论依据。

随着 2012 年《京都议定书》的正式到期,关于减排目标的制定和减排责任的分配问题成为国际应对气候变化谈判的焦点话题。

国家层面,2012 年法国重启有关征收"碳关税"的计划,并宣称该计划已在欧委会的议事日程之中,其目的不仅在于环境保护,而且与欧盟近期的财政状况和地区贸易和产业竞争力的保护密不可分。

区域层面,2008 年欧盟法案将国际航空业纳入欧盟碳排放交易体系(EU-ETS),并计划于 2015 年前后起开始正式实施。根据该法案规定,在欧盟境内机场起降的国际航班都要为碳排放缴纳费用。航空碳税成为碳关税在全球更广范围内的一个试点,立刻引发了不同国家和地区间激烈的争论和博弈。国际航空运输协会表示欧盟单方面对过境航班征收碳排放费用的举动违反国际协商原则。同年二月,中、美、俄、印等 29 国在莫斯科签署协议联合抵制航空碳税。截至目前,欧盟将航空碳税纳入其排放权交易体系的计划仍未能执行,第三阶段的 EUETS 也暂时搁浅。

国际层面,2011 年德班会议和 2012 年多哈回合①成为《京都议定书》协议到

---

① 第 18 次《联合国气候变化框架公约》缔约方会议暨《京都议定书》第 8 次缔约方会议。

期后最重要和"最艰难"的国际谈判阶段。两次气候大会讨论并通过了 2010 年坎昆会议有关绿色气候基金启动的决议,并提出了一系列"后京都"时代的减排框架愿景。然而,部分发达国家以协议有待深入讨论等问题,企图搁浅关键性议题的进展,加拿大、日本、新西兰及俄罗斯则明确表示退出《京都议定书》协议的第二承诺期,可供不同国家和地区进行应对气候变化一致行动的共同框架更加模糊。

通过上述碳关税最新进展的总结不难发现,目前有关全球碳关税发展的主要趋势和特点包括以下两点:一方面,以欧盟和美国为代表的发达国家或"伞形国家"希望以独立国家的身份制定减排政策并促进发展中国家履行对等义务,从而实行各国间等量的减排行动;另一方面,以 UNFCCC 等为代表的全球共同行动谈判由于不同利益集团的诉求差异巨大而进展缓慢,从而无法达成具有普遍的强制约束力的实质性内容。

无论是单个国家之间,还是在全球共同框架之下,协商谈判的进展程度都将会直接影响一国单边或双边实施碳关税政策,从而导致各国在贸易、金融和经济上的连锁反应。因此,从研究角度,根据不同的国际谈判结果(失败、妥协、成功、强制措施等),分别合理量化其可能带来的经济损失(或利益),是我国制定国际谈判策略和国内应对措施的基础前提,也是增强我国谈判话语权的有力武器。

二、碳关税对我国对外贸易的直接影响

(一)我国对外贸易现状及特点

自加入 WTO 以来,我国进出口贸易迅速增长,2012 年我国出口总额占全球 14.7%,处世界第一位(本章附表 4-1),进口总额占 12.2%,位居世界第二(本章附表 4-2①)。

出口方面,根据国家统计局最新统计数据显示,2012 年我国出口总额为 129359.25 亿元,同比增长 3.28%。为客观反映我国实际出口增长情况,采用 2000 年为基年的 GDP 价格指数,按照可比价格计算,2006 年我国实际出口总额为 2001 年的 2.2 倍,2010 年实际出口总额为 2001 年的 2.4 倍,2001—2010 年

---

① 为与全书的建模和分析思路保持一致,采用 WTO 将欧盟作为统一区域的统计结果。

间,我国实际出口额年均增长率为 10.1%。进口方面,2012 年我国进口总额达 114800.96 亿元,同比增长 1.45%。进出口差额为 14558.29 亿元,扭转了前几年贸易差额不断缩小的趋势,同比增长高达 44%(表 4-1)。

表 4-1　2006—2012 年我国进出口贸易统计

指标	2006 年	2007 年	2008 年	2009 年	2010 年	2011 年	2012 年
进出口总额(亿元)	140974	166863.7	179921.5	150648	201722.2	236402	244160
出口总额(亿元)	77597.2	93563.6	100394.9	82029.69	107022.8	123241	129359
进口总额(亿元)	63376.9	73300.1	79526.53	68618.37	94699.3	113161	114801
进出口差额(亿元)	14220.3	20263.5	20868.41	13411.32	12323.54	10079.2	14558.3

资料来源:国家统计局,2014 年。

除进出口增长规模之外,贸易结构也是决定我国对外贸易是否可能遭受碳关税打击的重要因素。近年来,我国出口商品中除一般贸易外,加工贸易快速发展,与一般贸易比重相当,"两头在外"是我国出口贸易的一大特点,而中间品加工往往也是温室气体排放最集中的环节(表 4-2)。另外,以工业制成品为主要出口结构特征的高耗能、高排放贸易,也增加了气候壁垒可能对我国带来的潜在经济威胁(图 4-1)。

表 4-2　中国的出口贸易结构

(单位:%)

年份	一般贸易比重	加工贸易比重	其他贸易比重
2001	42.0	55.4	2.5
2002	41.8	55.3	2.9
2003	41.5	55.2	3.3
2004	41.1	55.3	3.7
2005	41.3	54.7	4.0
2006	43.0	52.7	4.4
2007	44.2	50.7	5.1
2008	46.3	47.2	6.5
2009	44.1	48.8	7.1

续表

年份	一般贸易比重	加工贸易比重	其他贸易比重
2010	45.7	46.9	7.4
2011	48.3	44	7.7
2012	48.2	42.1	9.7
2013	49.2	38.9	11.8

资料来源:海关总署统计信息,2014年。

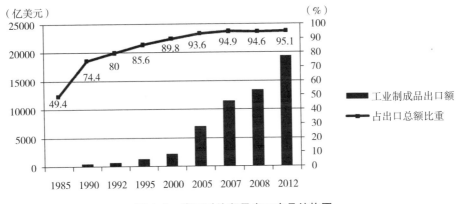

图 4-1 我国对外贸易出口产品结构图

资料来源:中华人民共和国商务部,2013年。

(二)碳关税量化分析的投入产出方法

量化分析碳关税及其影响首先需要明确征收该调节税的税基,即进口产品和服务的直接排放或内涵排放。其次,有必要重点针对我国对欧盟、美国出口产品进行量化影响分析,针对高能耗等重点出口行业部门进行细化研究。近年来,核算双边及多边贸易的内涵排放、转移排放以及"碳泄漏"等文献普遍采用了投入产出模型方法以及以投入产出表为基础的可计算一般均衡模型(沈可挺、李钢[①];张迪等[②];温丹辉[③])。在此不再进行研究方法的详细解释,直接引用顾阿

---

① 沈可挺、李钢:"CGE Model Measures Carbon Duty´s Impact on China´s Exports",*China Economist*,2010(6),pp.32-38。

② 张迪、魏本勇、方修琦:《基于投入产出分析的2002年中国农产品贸易隐含碳排放研究》,《北京师范大学学报(自然科学版)》2010年第6期。

③ 温丹辉:《不同碳排放计算方法下碳关税对中国经济影响之比较——以欧盟碳关税为例》,《系统工程》2013年第9期。

伦、周玲玲的研究结论说明碳关税对我国对外贸易的直接影响[①]。其研究结果表明,我国对外出口产品的内涵排放量约占全国排放总量的 30%左右,对外出口产品的直接排放量约占全国排放总量的 6%—8%。

表 4-3　2008 年三种情景下实施边界碳调节提高的总体关税水平

	按内涵排放计算	按直接排放计算
低税率情景	3.88%	0.79%
中税率情景	5.54%	1.13%
高税率情景	6.65%	1.36%

　　根据表 4-3 的计算结果,碳关税对我国对外贸易的负担与其税率有明显的正相关关系,而按内涵排放计算结果征收碳关税对我国对外贸易的负面影响远远大于按照直接排放计算结果征收。然而,碳关税作为一种边境调节措施,其对一国经济的影响是全方位的,同时也会受到被征收国对应政策的缓冲甚至逆转,因此单纯地从等量关税换算的角度研究碳关税的影响是远远不够的。

第三节　碳关税影响的一般均衡模型分析

　　碳关税作为一种贸易壁垒,不仅直接通过类似关税的形式对我国对外贸易产生抑制作用,影响贸易部门的供给和需求,进而通过部门间要素的投入产出关系将这种负面影响传导至宏观经济各个方面。本节利用可计算一般均衡模型,从实际有效汇率的角度对碳关税的经济影响进行研究,并结合宏观经济基本面分析碳关税通过相对价格水平和贸易国别结构对实际有效汇率的影响机制。

一、碳关税情景设计

　　利用可计算一般均衡模型研究碳关税对我国的经济影响在能源经济研究领

[①]　顾阿伦、周玲玲:《碳关税对我国出口贸易的影响及政策建议》,《中国经贸导刊》2012 年第 8 期。

域的应用已非常广泛,通过总结不难发现,目前的研究在以下两个方面有待进一步完善:第一,对碳关税的设置均基于部分国家已征收的水平(见本章附表 4-3),且均未考虑碳关税征收双方在行动上的一致性问题——由于征收碳关税的一个很重要的前提是征收国已经采取了适当的应对气候变化措施(如征收国内碳税或碳排放权交易机制),从而以此为依据对被征收国采取对等措施。因此,单纯地模拟单边碳关税情景,政策实施的可能性以及模拟效果的可信度都是很低的。第二,目前各国的气候变化政策均存在着很大的变数,"伞形国家""金砖国家"和欧盟等多方博弈导致气候变化国际谈判的结果难以准确预测,如俄罗斯作为"金砖国家"成员却明确退出《京都议定书》第二承诺期。因此,双边气候政策也会根据谈判进程的走势而出现完全合作、双方妥协和谈判失败强制执行等政策组合。目前的研究对以上两方面的关注较少,因此不能完全满足模拟政策冲击效果的研究目标。

因此,本节的碳关税情景设计思路是,基于目前各国关于国内碳关税或碳排放权交易机制的最新进展,与边境碳税调整措施进行组合设计,并结合国际气候谈判的阶段进展情况,对不同地区的政策实施强度进行区别设计。

目前为止,全球没有国家真正开始征收碳关税,鉴于碳关税与碳税在征税对象、税基和税率的设置等方面有许多类似之处,并且征收碳关税的一个主要理论基础就是保证政策效果的对等可比性,因此参考各国国内的碳税[①]水平设置碳关税基础价格是较为合理的。目前征收国内碳税的国家主要是北欧和澳洲发达国家,碳税水平往往根据不同时期的需要进行调整。

芬兰:1990 年首先开始实行碳税,以产品的含碳量为计税依据,当时设定的税率为 1.62 美元/吨 CO_2,1994 年后为强化碳税效果而多次调高税率:1995 年调整至 38.3 芬兰马克/吨 CO_2,2003 年再度升高至 26.15 美元/吨 CO_2。

挪威:1991 年开始实施碳税,平均税率为 21 美元/吨 CO_2,同时区分了某些特殊商品,例如将汽油的税率定位为 40.1 美元/吨 CO_2。1996 年,石油焦税率调整为 17 美元/吨 CO_2,汽油及北海所用气调升为 55.6 美元/吨 CO_2。到 2005 年最后一次调整后,汽油碳税变为 41 欧元/吨 CO_2,轻、重燃料油分别为 24 欧

---

① 本书暂时不直接模拟碳排放权交易机制,主要原因有二:首先,虽然我国已在上海、深圳、湖北等地区开展碳排放权交易的试点工作,然而国内区域性政策并非全球 CGE 模型研究的重点,且不同国家碳排放权交易的比较难度相对更大,参考价值有限;其次,诸多研究表明碳排放权交易机制与一定水平的碳税在理想条件下可以相互替代。

元/吨 CO_2 与 21 欧元/吨 CO_2。

瑞典：1991 年开始征收碳税，初始阶段考虑到保护国内产业竞争力的问题，工业部门只需要交纳 50%的税费，而一些高能耗工业行业，如商贸园艺、采矿制造业及纸浆和造纸行业，则碳税全免。2002 年，瑞典碳税从 58 欧元/吨 CO_2 上涨到 69 欧元/吨 CO_2，而电力能源税则涨到 13 欧元/千度电，工业行业碳税减免的比例从 50%上调至 70%。

澳大利亚：澳洲政府宣布，从 2014 年 7 月 1 日起，澳大利亚将废除 24.15 澳元/吨 CO_2 的固定碳税，转而采用介于 6 澳元/吨 CO_2 至 10 澳元/吨 CO_2 的浮动碳税制度。

基于上述总结，本书对碳关税的设置标准为：基期实行碳关税的地区为发达国家，"伞形国家"、欧盟等主要发达国家按照 2014 年澳大利亚碳税改革后的碳税水平及北欧国家碳税减免政策征收国内碳税（税率：10 美元/吨 CO_2；税收减免：政府碳税收入按各部门缴税水平 80%返还给能源密集型行业、100%返还给电力部门和出口产品[1]、100%返还给交通运输行业）。

在假设主要发达国家均已征收国内碳税的基础上，根据国际气候谈判的阶段进展情况，进一步设置碳关税政策组合情景。

政策组合情景一（S1）：发达国家于 2014 年开始征收 10 美元/吨 CO_2 的进口产品碳关税[2]，同时作为对等条件，取消对其国内交通运输业等部门的碳税补偿政策，对应的发展中国家国内不采取任何减排措施——模拟国际谈判初期，由于谈判进程受阻，发达国家单边实行强制边境调整的政策效果。

政策组合情景二（S2）：发达国家与发展中国家在各自区域内展开共同行动但责任不同，其中发达国家按 10 美元/吨 CO_2 的标准征收碳税，发展中国家按 20 元/吨 CO_2 的标准征收碳税，相互间不进行边境碳税调节。

政策组合情景三（S3）：中国等主要发展中国家开始逐渐实行与发达国家同一水平的国内碳税（10 美元/吨 CO_2，共同行动），双方取消边境调整。

通过二、三两种政策组合的比较，模拟发达国家与发展中国家实行相同/不同国内碳税水平时，在没有边境调节的情况下，对各国及全球宏观经济及减排效

---

[1] 出口补贴，也是最初的边境调整。
[2] 如此行动的前提是发达国家已在国内实行相同程度的减排政策，如 10 美元/吨 CO_2 的国内碳税。

果的影响,探讨不同国家采取一致减排行动的必要性。

政策组合情景四(S4):中国等主要发展中国家开始逐渐实行国内碳税(20元/吨 CO_2,财政部),发达国家针对其与发展中国家碳税的差额征收进口碳关税——模拟发达国家与发展中国家在未达成共同努力和完全认可时的政策可能。

通过二、四几种政策组合的比较,模拟发达国家与发展中国家未实行完全相同的国内减排政策时,征收/不征收碳关税对各国及全球宏观经济及减排效果的影响,探讨边境碳税调整措施用于补充不同国家一致减排行动方面的合理性。

通过一、三、四两种政策组合的比较,模拟在应对发达国家强制性碳关税时我国采取/不采取应对措施对各国及全球宏观经济及减排效果的影响,讨论我国最优的政策选择。关于四种政策组合的碳税、碳关税具体设置见表4-4。

表4-4 不同谈判结果的政策组合情景设计

政策组合一	国内碳税	碳关税
"伞形国家"+欧盟	10 美元/吨 CO_2	10 美元/吨 CO_2
"金砖国家"	无	无
政策组合二	国内碳税	碳关税
"伞形国家"+欧盟	10 美元/吨 CO_2	无
"金砖国家"	20 元/吨 CO_2	无
政策组合三	国内碳税	碳关税
"伞形国家"+欧盟	10 美元/吨 CO_2	无
"金砖国家"	10 美元/吨 CO_2	无
政策组合四	国内碳税	碳关税
"伞形国家"+欧盟	10 美元/吨 CO_2	(10—20 美元)/吨 CO_2
"金砖国家"	20 元/吨 CO_2	无

运用 CGE 模型进行政策模拟的优势在于,能够在现行经济运行状态下,对政策冲击的潜在经济影响趋势进行分析,即 CGE 依靠对各指标在基准情景下和在政策冲击情景下的变化率模拟,找出相对最优[①]的政策和经济发展路径(王利

---

① 此处最优的定义根据研究目标不同而有所差异,一般而言气候变化领域的最优目标往往被定义在社会福利损失最小、温室气体减排幅度最大或经济增长率最高等方面。

军等,2012)。因此,上述四种政策组合模拟的最终目标是回答以下问题:

第一,不同水平碳税和碳关税对我国宏观经济及各部门产出实际影响的量化分析;第二,碳关税作为一种潜在的气候壁垒在促进节能、保护国内产业方面的积极效果和在抑制国际贸易和全球经济增长方面的消极效果孰轻孰重;第三,我国应对欧美发达国家强制性碳关税的最优政策选择。

二、基准情景下的宏观经济模拟结果

进行政策情景分析的基础是基准情景[①],因此,在第三章基础上进一步给出基准情景对中国及世界主要经济体 2008—2020 年经济发展路径的模拟结果,主要包括:GDP 增长率、二氧化碳排放量增长率、中国进出口额增长率、社会福利增长率,关于人民币实际有效汇率的影响在下一节中单独进行解释。

经济增长率方面,在基准情景下,中国和印度仍然是全球经济增长的主要动力来源,但增长速度逐渐放缓,到 2020 年的实际 GDP 的年平均增长率分别为4%和5%左右。发达国家中,美国的经济增长比较平稳,保持年均 0.5%—0.8%的发展趋势,而欧盟等其他发达国家则会持续出现经济的负增长。俄罗斯的经济增长在 2017 年前后出现转折,增长率由正转负,经济波动性最大,相对应的另一"金砖国家"巴西则出现经济的反复震荡走势,于 2013 年开始保持快速稳定的正向增长(图 4-2)。

二氧化碳排放量方面,在不施加任何气候政策的情况下,经济发展与温室气体排放之间的"环境库兹涅茨曲线"依然存在,即在经济发展的一定阶段内,温室气体排放量与经济增长之间存在正相关关系。根据模型结果显示,以"金砖四国"为代表的新兴发展中国家在经济增长方面作出突出贡献的同时,其温室气体排放量的增长水平同样领先其他国家。而随着中国、印度等国家的经济增速放缓和国内经济结构调整,其温室气体排放量增速也会相应放缓,而"金砖国家"中的巴西和南非则因为其特殊的经济结构和区位地理因素,在享受相对较高的经济增长的同时,其温室气体排放仅呈现小幅增长的趋势,因此在"金砖国家"或"基础四国"内部,也会随着各国经济增长模式和减排压力的不同而在集

---

① 即没有任何政策冲击下的经济发展路径。

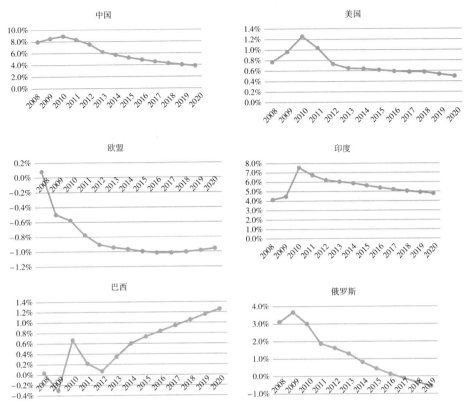

图 4-2　2008—2020 年主要经济体 GDP 增长率（基准情景）

团内部产生博弈。与此同时，发达国家基本保持温室气体排放的负增长，美国则在享受经济小幅增长的同时，将其二氧化碳的排放增长控制在最小范围内（表4-5）——发达国家的经济增速相对较慢而减排压力相对较小的事实成为"伞形国家"和欧盟在应对气候变化的问题上保持积极和强硬姿态的重要原因。

表 4-5　2014—2020 年主要经济体二氧化碳排放量增长率（基准情景）

	2014 年	2015 年	2016 年	2017 年	2018 年	2019 年	2020 年
中国	5.03%	4.65%	4.26%	3.89%	3.56%	3.28%	3.03%
美国	-0.02%	-0.03%	-0.02%	0.00%	0.03%	0.06%	0.09%
欧盟	-1.44%	-1.43%	-1.42%	-1.39%	-1.36%	-1.32%	-1.28%
巴西	-0.08%	0.10%	0.26%	0.42%	0.57%	0.70%	0.83%
印度	2.87%	2.67%	2.50%	2.36%	2.25%	2.15%	2.06%

续表

	2014 年	2015 年	2016 年	2017 年	2018 年	2019 年	2020 年
俄罗斯	1.73%	1.44%	1.19%	0.97%	0.77%	0.61%	0.47%
南非	−1.28%	−1.17%	−1.08%	−0.97%	−0.87%	−0.77%	−0.67%
日本+韩国	−0.62%	−0.53%	−0.45%	−0.38%	−0.29%	−0.21%	−0.13%

国际贸易方面,中国依然为全球增速最快的贸易国家,印度、巴西紧随其后,美国和欧盟的进出口增长速度出现衰退(表4-6)。可以发现,发展中国家的贸易优势地位和发达国家的贸易额减速状态始终维持在一个相对稳定的水平,贸易增长率的波动幅度很小,因此短期内很难快速扭转这种全球贸易格局。对外贸易增长趋势的差别一方面导致发达国家与发展中国家经济总量增长趋势的不同,另一方面使得以欧美日韩为代表的发达国家贸易条件持续恶化。在 WTO框架下无法过多动用传统贸易壁垒保护国内产业竞争力的情况下,以边境碳税调整为代表的气候壁垒有望成为发达国家改变贸易条件现状的重要途径。各国社会福利在增长率方面与贸易条件有着类似的发展趋势,在此不再进一步展开,详见本章附表4-4。

表 4-6　2014—2020 年主要经济体进出口总额增长率(基准情景)

国家	年份	贸易增长率	国家	年份	贸易增长率
中国	2014	3.30%	巴西	2014	0.63%
	2015	3.11%		2015	0.74%
	2016	2.86%		2016	0.89%
	2017	2.63%		2017	1.00%
	2018	2.46%		2018	1.08%
	2019	2.34%		2019	1.14%
	2020	2.24%		2020	1.18%
美国	2014	−1.56%	印度	2014	1.59%
	2015	−1.49%		2015	1.61%
	2016	−1.34%		2016	1.68%
	2017	−1.17%		2017	1.69%
	2018	−1.02%		2018	1.68%
	2019	−0.89%		2019	1.67%
	2020	−0.77%		2020	1.67%

国家	年份	贸易增长率	国家	年份	贸易增长率
欧盟	2014	−2.27%	俄罗斯	2014	1.84%
	2015	−2.00%		2015	1.22%
	2016	−1.78%		2016	0.61%
	2017	−1.57%		2017	0.15%
	2018	−1.36%		2018	−0.22%
	2019	−1.18%		2019	−0.52%
	2020	−1.01%		2020	−0.77%

三、碳关税对我国宏观经济影响的量化分析

研究碳关税对宏观经济主要指标的影响是分析相对价格水平和国际贸易对实际有效汇率影响的基础,一般而言,国际国内价格水平往往与部门产出水平和国际贸易条件有关。因此,有必要首先明确碳关税政策对宏观经济基本指标的影响趋势。而另一方面,温室气体减排量作为实施气候壁垒的显性政策目标,同样应该在基本分析中予以关注。本节按照四类政策组合分别对我国 GDP、贸易总额以及二氧化碳排放量相较于基准情景的变化率进行分析,从而判断政策实施后对宏观经济可能带来的影响。由于前文设计的四类情景 S1-S4 在碳税和边境碳税调整的税基、税率设置方面均不相同,简单分析和比较四种政策情景本身的意义有限,因此本节将根据研究目标的不同选择性地比较相关政策的影响差异。

(一)碳关税对 GDP 的影响

总体来看,如图 4-3 所示,无论实施哪种碳关税政策组合,对我国经济增长均会带来一定程度的负面影响,首先说明碳关税的"贸易壁垒"属性对于我国而言是成立的,并且政策的发生作用几乎没有时滞。从负面影响的发展趋势而言,S1 情景于 2016 年前后出现经济负增长的拐点:2016 年之前,受碳关税突然实施的影响,GDP 出现明显减速,但随后两年伴随着国内产业结构和能源结构的调整,负面影响有所缓和;然而 2016 年之后,GDP 衰退幅度再次增大,这一方面与

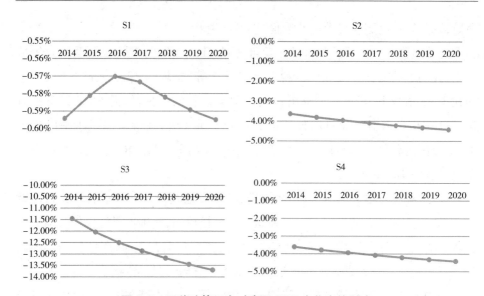

图 4-3 四种政策组合对我国 GDP 变化率的影响

我国贸易、投资、消费等其他经济部门的滞后影响有关，另一方面与其他主要经济体持续负增长的国际传导效应有关①。

首先考察是否直接征收碳关税对我国 GDP 的影响，在 S2 和 S4 情景下，发达国家与发展中国家分别征收不同水平的国内碳税，区别在于 S4 情景中发达国家将针对两国碳税水平的差额进行边境调整，通过比较不难发现，征收碳关税后对我国经济的负面影响与没有征收时的变化甚微，且变化趋势几乎相同。因此，有理由相信当我国率先在国内征收碳税时，在对经济增长造成一定抑制作用的同时，会对国内产业和能源结构调整起到积极地引导作用，从而即使发达国家强制性征收碳关税，其对我国经济增长的冲击也会得到国内碳税政策的极大缓冲。

然而，国内碳税水平的设置同样需要慎重，否则可能会带来比碳关税更严重的经济后果。如 S2 与 S3 的结果比较，两种情景均未设置国外强制性碳关税，唯一的区别在于 S3 情景下我国将与发达国家征收同等水平的国内碳税，远远高于 S2 的国内碳税税率。通过比较可以发现，国内碳税的大幅度提高将会严重阻碍我国经济发展，GDP 与基准情景相比出现大幅下降。因此，即使承认国内碳税具有缓冲碳关税冲击的作用，在国内真正开征碳税仍需对税率水平的设置保持

① 其他经济体在 S1 情景下的 GDP 变化情况见本章附表 4-5。

谨慎,以免过重的碳税导致因噎废食、得不偿失。

有关碳税和碳关税风险性的比较可通过 S1 与 S4 进一步说明,两种政策情景下,我国主动或被动征收的碳税总水平是相等的,均为 10 美元吨/CO_2,而不同在于 S1 情景下 10 美元全部出自发达国家征收的碳关税,而 S4 情景下则有 20 元国内碳税部分。通过两种情景的比较不难发现,在等量碳税水平的情况下,征收国内碳税可能导致更大程度的经济下滑,即内部结构调整比外部冲击对国民经济的影响更加剧烈。

在全球应对气候变化谈判不断推进、各国节能减排共同行动势在必行的背景下,作为全球最大的发展中国家和温室气体排放国,我国不可能仅仅被动的履行相应的义务,因此国内减排措施势在必行,我国目前在上海、深圳和湖北的碳排放权交易试点工作即是最好的证明。因此,根据我国经济、社会国情合理制定和实施国内减排政策,既能履行我国的大国责任,也可以减缓来自国外强制气候壁垒带来的经济和政治压力,但我国目前尚不具备实施与发达国家完全相同减排措施的经济基础。

(二)碳关税对 CO_2 排放量的影响

四种情景对我国二氧化碳排放量的影响趋势与 GDP 类似(图 4-4),说明以控制温室气体排放为目标的气候政策本身即存在着对中国等新兴发展中国家的"库兹涅茨曲线"双重效果,不应盲目偏重某一发展目标而导致政策的过度倾斜。在此直接给出情景比较的基本结论:国内碳税政策实现减排目标的效果优于碳关税,因此发达国家以促进全球共同节能减排为依据的边境碳税调整的合理性有待质疑——以美国和欧盟为例,四种政策情景下,美国和欧盟的减排幅度几乎相同(本章附表 4-6),而碳关税并不会直接影响发展中国家的减排量,因此边境碳税调整的理论基础和真实动机有待商榷。

碳关税之所以在减排方面的效果不如碳税显著的另一重要原因是,潜在的政策环境下,碳关税往往是发达国家集团(如"伞形国家"和欧盟)向发展中国家集团进行征收的,而在发展中国家内部可以基于战略合作和相互谅解的原则免除碳关税,从而国内的高耗能和高排放行业在很大程度上能够通过贸易转型和结构调整的方式避免碳关税的消极影响。

更进一步地,通过 S1 与 S4 中排放量变化"拐点"的分析可以发现,征收单

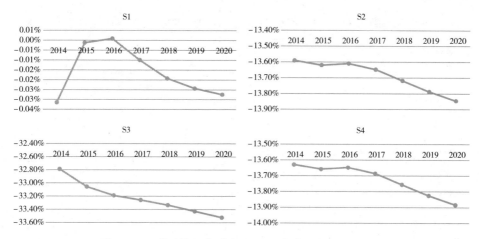

图 4-4　四种政策组合对我国 CO_2 排放量变化率的影响

一的碳关税与两税并用相比,更有可能引起类似于"回弹效应"的现象[1],即减排量在开始阶段由于结构调整和效率进步而逐渐下降,但在随后阶段由于能源消费量增加等因素排放量不降反升(如 S1 中我国于 2016 年排放量比基准情景提高了)。

(三)碳关税对贸易总额的影响

我国对外贸易总额的变化能够进一步说明仅有发达国家对发展中国家征收碳关税对我国的影响是片面的,因为仍有"金砖国家"等新兴经济体之间的免征碳关税等共同利益集团政策。因此,即使在 S1 征收较高的碳关税情景下,我国对外贸易总量与其他三种均在国内征收不同程度碳税的政策情景相比,损失仍是最小的,且贸易条件不断改善(图 4-5)。以欧盟和巴西为例,在 S1 情景下,欧盟由于对华征收碳关税,从而导致其在中国对外贸易总额中的占比呈逐年下降的趋势,而巴西则因为更紧密的经济合作和宽松的边境调节措施,其对华贸易占比逐渐提高(表 4-7)。

---

[1]　Saunders,H."The Khazzoom-Brookes Postulate and Neoclassical Growth", *The Energy Journal*,1992, pp.112-120.

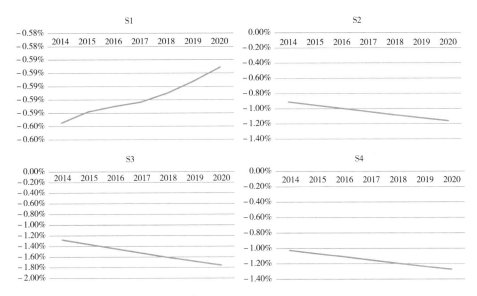

图 4-5   四种政策组合对我国贸易总额变化率的影响

表 4-7   S1 情景下欧盟和巴西在中国对外贸易中所占份额

	2014 年	2015 年	2016 年	2017 年	2018 年	2019 年	2020 年
欧盟	23.82%	23.68%	23.52%	23.33%	23.13%	22.92%	22.70%
巴西	1.70%	2.10%	2.61%	3.11%	3.21%	3.48%	3.52%

四、碳关税对全球"一篮子"实际有效汇率的影响

利用 CGE 模型分析碳关税对人民币实际有效汇率的影响可从纵向与横向两个角度进行:横向比较不同政策的影响差异,即比较实行碳关税政策后,人民币实际有效汇率相对于基准情景的变化,以及不同政策情景之间的差异;纵向比较从影响因素、部门以及国别三个角度分析碳关税政策对实际有效汇率的影响机制。

全球"一篮子"实际有效汇率通过包含不同类型国家和地区主要贸易伙伴国而成为反映我国人民币全球综合竞争力的指标,在间接标价法下,政策情景相较于基准情景下的人民币均衡实际有效汇率升高意味着其带来的人民币升值压力会增大,反之则人民币贬值压力提高。根据模型结果发现,不同政策组合的碳关税对人民币实际有效汇率的影响有较大差别,但趋势相似。在基准情景下,2014—2020 年人民实际有效汇率呈现不断升值的发展趋势(图 4-6)。

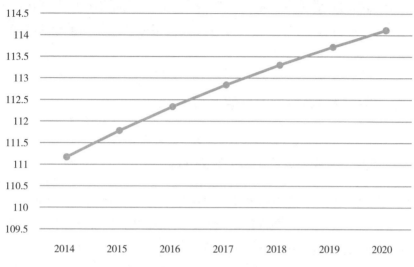

图 4-6　基准情景下人民币实际有效汇率指数走势图

从汇率调整幅度而言,碳关税政策均会对人民币实际有效汇率有一定的贬值效果,实行单一的碳关税政策的贬值压力最小,但如果存在国内碳税,则无论碳税水平与碳关税如何设置,人民币面临的贬值压力都会增大。与碳关税相比,国内碳税对我国产出价格水平和对外贸易竞争力的负面政策效果更大。

从整体趋势而言,随着气候壁垒的推行,其对人民币汇率贬值的压力将会逐渐增加。从政策对比的角度而言,人民币贬值压力随着国内碳税水平的提高不断上升,在相同征税总量的情况下,过多地征收国内碳税将会对人民币实际有效汇率带来更大贬值压力,若我国与发达国家实行完全相同的国内碳税行动,则人民币将出现大幅度贬值。

表 4-8　四种政策情景下人民币均衡实际有效汇率的变化率

	2014 年	2015 年	2016 年	2017 年	2018 年	2019 年	2020 年
S1	-2.24%	-2.31%	-2.45%	-2.58%	-2.70%	-2.81%	-2.92%
S2	-19.19%	-19.56%	-19.78%	-20.09%	-20.43%	-20.73%	-20.95%
S3	-47.12%	-48.51%	-49.41%	-50.07%	-50.60%	-51.03%	-51.34%
S4	-18.96%	-19.36%	-19.62%	-19.96%	-20.33%	-20.65%	-20.90%

因此,本书关于碳关税对人民币实际有效汇率总体影响的基本研究结论为:发达国家对发展中国家的碳关税将会导致人民币均衡实际有效汇率的贬值压力增大,适当的国内碳税能够缓解国外碳关税带来的人民币贬值压力,但国内碳税政策过重则会适得其反,将会进一步导致人民币贬值压力和汇率失调程度的加剧。

五、碳关税传导机制的分解分析

(一)人民币汇率指数的 LMDI 分解分析

利用 CGE 模型进行政策效果分析面临的一个重要问题是,由于部门间投入产出关系十分复杂,因此多数政策模拟很难对模型结果进行传导机制方面的合理解释,因而对结果的分析往往不够深入。因此本书延续前文推导和使用的人民币实际有效汇率 LMDI 指数分解方法,找出构成人民币均衡实际有效汇率指数的主要因素的动态贡献度,进一步研究碳关税对人民币实际有效汇率的传导机制。计算方法不再重复论述,在此直接给出四种政策情景下 2014—2020 年伙伴国贸易权重、国内实际价格水平和国外实际价格水平对人民币实际有效汇率指数的贡献度(本章附表 4-7)。

通过情景对比结果能够更加清楚地反映不同碳关税政策组合的效果差异。首先考察征收碳关税的影响,以情景 S1 与 S4 对比结果为依据(图 4-7),在相同征收总量的情况下,发达国家单边采取边境碳税调整将引起我国贸易结构效应的连续负增长,与此同时,发达国家的价格水平则出现持续走高,且在增长趋势上与贸易结构效应基本抵消——说明碳关税作为新兴贸易壁垒对被征收国对外贸易国别结构的恶化以及对征收国国内产业的保护具有明显的效果。此外,国内实际价格水平受碳关税的影响,出现小幅缓慢下滑。

因此,碳关税造成人民币实际有效汇率贬值压力的主要原因来自于其对我国贸易结构的消极影响,国外实际价格水平明显升高,同时小幅推升了国内实际价格水平。更进一步地,在同样加征碳关税的情况下,如果国内率先实行碳税等减排措施,则能够有效降低碳关税对贸易结构效应的负面影响,且对国内价格水平的影响进一步减弱(S4-S2)。

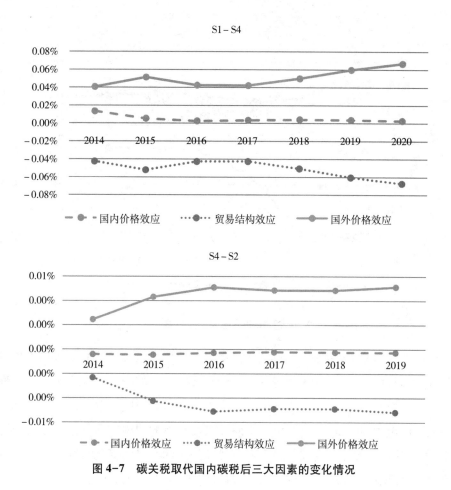

图 4-7　碳关税取代国内碳税后三大因素的变化情况

(二)国内实际价格水平的部门分解

在区分相对价格水平对实际有效汇率变化的贡献度之后,可针对国内实际价格水平进行进一步细分研究,通过比较发现,四种情景下国内实际价格水平对实际有效汇率变化的贡献度存在很大差别(图 4-8)。

具体而言,在征税总量相等的前提下,以国内碳税所造成的实际价格水平下降的幅度大于单纯征收碳关税的情景(S4-S1)。在征收国内碳税且税率相对较低时,碳关税对国内实际价格水平的影响较小(S4-S2),然而过度征收国内碳税则会导致国内物价水平的剧烈下跌(S3-S2),即碳税的"双刃剑"效果。总体而言,碳关税对我国实际价格水平的影响程度小于国内碳税,而影响后者效果的关键是税率的合理设计。

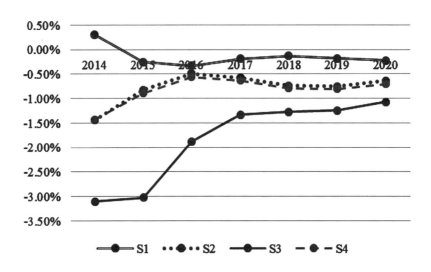

图 4-8　四种政策情景下国内实际价格水平的变化率

本书使用的国内实际价格水平由各部门实际价格按其产出权重加权平均得到,因而通过对价格指数的分解,可以将碳关税对国内实际价格水平的影响追溯到部门层面。全球 CGE 模型中包含了大量可比的部门层面数据,通过 57 部门的实际产出和实际价格数据,可对不同政策情景下的国内实际价格水平进行跨期拆分,从而得到每一期碳关税影响下各部门实际产出的变化对全国实际价格水平的贡献度。根据统计学中对比指数分解方法(李洁明、齐新娥,2008),可对我国国内实际价格水平(指数)进行分部门解构,以两期三部门经济为例,其实际价格水平可分解为如公式(4.1)所示,其中 $p_i^t w_i^t$ 表示 t 期 i 部门的实际价格水平及产出权重的乘积,可理解为 i 部门实际产出水平的标准值:

$$
\frac{p_1^2 w_1^2 + p_2^2 w_2^2 + p_3^2 w_3^2}{p_1^1 w_1^1 + p_2^1 w_2^1 + p_3^1 w_3^1}
$$

$$
= \frac{p_1^2 w_1^2 + p_2^1 w_2^1 + p_3^1 w_3^1}{p_1^1 w_1^1 + p_2^1 w_2^1 + p_3^1 w_3^1} \times \frac{p_1^2 w_1^2 + p_2^2 w_2^2 + p_3^1 w_3^1}{p_1^2 w_1^2 + p_2^1 w_2^1 + p_3^1 w_3^1} \times \frac{p_1^2 w_1^2 + p_2^2 w_2^2 + p_3^2 w_3^2}{p_1^2 w_1^2 + p_2^2 w_2^2 + p_3^1 w_3^1} \quad (4.1)
$$

鉴于部门数据篇幅过长,在此截取 2014 年和 2020 年两个政策节点时间,对碳关税的部门产出价格影响做代表性分析。根据 57 部门计算结果,实行碳关税后(S1-S4),部门产出价格水平明显降低的工业部门主要有:煤炭、能源化工、矿产品、金属业、汽车制造业、机械设备制造、建筑业和交通等，部门产出价格水平有所提高的工业部门主要有：油气行业、电子设备制造以及电力生产运输业等（表4-9）。

表4-9　碳关税对国内部门产出价格水平的影响

部门	煤炭	能源加工	化工	矿产业	金属业	金属制成	汽车制造
变化率	-0.39%	-0.25%	-0.86%	-0.45%	-0.28%	-0.35%	-0.54%
部门	机械设备	建筑业	交通运输	石油	天然气	电子设备	电力
变化率	-1.23%	-3.55%	-3.86%	0.41%	0.66%	0.28%	1.41%

决定相关部门产出水平变化程度的主要原因是各部门对碳关税的敏感程度，具体表现为碳关税影响下各部门产出量与价格水平的相对变化幅度。以煤炭和石油两大能源部门为例，在发达国家征收碳关税的情景下，国内能源结构发生调整，煤炭部门和石油部门作为一次能源供应的最主要部门，因为下游需求减少等原因而价格水平下降，同时由于发展中国家间并未征收碳关税，相对低价的煤炭、石油产品可能通过贸易结构向发展中国家的调整而重新获得部门产出量的提高。与煤炭部门相比，石油部门产出规模的增长速度快于其价格下降速度[①]，因而未发生与煤炭部门相同的实际价格水平的下跌（本章附表4-8）。

因此，作为应对碳关税的国内措施，我国应在碳关税计划征收前的适当时机提前做出国内产业的调整，特别对于受碳关税影响实际价格水平和产出水平下降明显的机械制造、化工和建筑交通等领域，提前通过国内减排措施积极引导相关产业进行节能减排技术改造与产业转移等结构调整，从而减缓碳关税的负面影响，保证国内经济不至受到过度损失，是基于本节分析给出的国内政策建议。

综上所述，碳关税对我国国内价格水平具有一定的负面影响，但影响程度比国内碳税而言相对较轻，国内受碳关税负面影响较大的部门有机械、制造业和交通运输等，具体影响程度主要由各部门的能源需求弹性与价格弹性决定。另一

① 有关能源部门价格弹性和需求弹性的分析有很多，参见张志柏（2008）、焦建玲（2007）。

方面,发展中国家特别是"金砖国家"之间的合作与免征碳关税成为我国缓解和应对碳关税冲击的重要突破口。

第四节　碳关税对"金砖国家"一篮子货币人民币实际有效汇率的影响

在基于全球"一篮子"货币的人民币实际有效汇率计算中,碳关税对人民币实际有效汇率的影响程度小于国内碳税,或可以被国内碳税缓冲,在一定程度上是由于该政策只在发达国家对发展中国家间进行单向征收,而发展中国家内部基于共同利益和相互谅解等原则免征碳关税(如"金砖国家"加强内部经济联系或"基础四国"保持相对一致行动等),因此单边的气候壁垒无法对发展中国家内部经济产生绝对影响。因此,存在着碳关税影响下我国在金砖国家内部相对受益的可能。然而,如果作为发展中国家集团合作基础的共同经济发展利益无法在集团内部成员合理分配时,这种经济合作和政策的一致性可能会被打破。对于中国而言,基于全球"一篮子"货币的实际有效汇率固然有一定的参考价值,但如果能进一步分析气候壁垒影响下我国在"金砖国家"内部的相对经济实力变化,对制定"金砖国家"战略合作计划、衡量我国经济实力与外部政策选择意义重大。

除选取伙伴国之外,本节计算人民币实际有效汇率的方法与前文一致,在此直接给出基于"金砖国家"和发达国家"一篮子"货币得出的人民币实际有效汇率的变化率①(表4-10)。人民币"金砖国家""一篮子"货币实际有效汇率(下简称"金砖国家"REER)和全球"一篮子"货币实际有效汇率(以下简称全球"一篮子"REER)的差别主要表现在两个维度:同一政策下不同篮子货币 REER 的变化以及相同篮子货币 REER 在不同政策情景下的变化。

---

① 即相较于基准情景下的 REER 变化率,用于分析不同政策的人民币升值/贬值压力。

表 4-10　不同一篮子货币人民币 REER 指数变化率

人民币 REER	情景	2014 年	2015 年	2016 年	2017 年	2018 年	2019 年	2020 年
"金砖国家" REER	S1	0.04%	0.10%	0.12%	0.12%	0.12%	0.13%	0.14%
	S2	−1.49%	−1.48%	−1.49%	−1.54%	−1.58%	−1.60%	−1.61%
	S3	−4.26%	−4.34%	−4.46%	−4.59%	−4.70%	−4.76%	−4.80%
	S4	−1.45%	−1.43%	−1.45%	−1.49%	−1.52%	−1.54%	−1.55%
人民币 REER	情景	2014 年	2015 年	2016 年	2017 年	2018 年	2019 年	2020 年
全球"一篮子" REER	S1	−2.24%	−2.31%	−2.45%	−2.58%	−2.70%	−2.81%	−2.92%
	S2	−19.19%	−19.56%	−19.78%	−20.09%	−20.43%	−20.73%	−20.95%
	S3	−47.12%	−48.51%	−49.41%	−50.07%	−50.60%	−51.03%	−51.34%
	S4	−18.96%	−19.36%	−19.62%	−19.96%	−20.33%	−20.65%	−20.90%

首先分析在同样政策情景下,不同货币篮子 REER 指数的差异。以情景 S1 为例,当发展中国家不采取任何行动而被动征收碳关税时,人民币相对于"金砖国家"集团出现了升值,与其在全球范围内的贬值趋势相反。主要因为该情景下发展中国家政策的一致性会使中国的对外贸易国别结构开始向"金砖国家"调整,而"金砖国家"间相对价格水平变化较小,因此中国与其他"金砖国家"的相对经济地位发生变化,中国成为"金砖国家"合作应对碳关税政策行动的主要受益国,因此加强与"金砖国家"的经济联系与经贸合作对我国是有利的。依据这一思想对四种情景下不同篮子人民币实际有效汇率的变化进行横向比较发现,"金砖国家"内部的一致性政策可能导致中国的获益程度大于集团国平均水平,表现为人民币实际有效汇率的升值压力大于其在全球"一篮子"货币和发达国家"一篮子"货币下的 REER 水平(表 4-11)。

表 4-11　三种货币篮子 REER 指数变化情况

	情景	2014 年	2015 年	2016 年	2017 年	2018 年	2019 年	2020 年
"金砖国家" REER-发达国家"一篮子" REER	S1	−1.93%	−2.06%	−2.20%	−2.36%	−2.51%	−2.64%	−2.76%
	S2	11.16%	11.53%	11.69%	11.84%	11.99%	12.12%	12.20%
	S3	25.02%	25.95%	26.38%	26.53%	26.59%	26.60%	26.54%
	S4	11.34%	11.76%	11.98%	12.17%	12.37%	12.53%	12.65%

	情景	2014 年	2015 年	2016 年	2017 年	2018 年	2019 年	2020 年
"金砖国家"REER-全球"一篮子"REER	S1	2.28%	2.40%	2.57%	2.70%	2.82%	2.94%	3.06%
	S2	17.70%	18.08%	18.29%	18.55%	18.85%	19.13%	19.33%
	S3	42.86%	44.18%	44.95%	45.47%	45.91%	46.27%	46.54%
	S4	17.51%	17.93%	18.18%	18.47%	18.80%	19.10%	19.34%

对于同一货币篮子 REER 指数,不同的碳关税政策情景的影响也存在很大差异,如表 4-12 所示,在征税总量相等的情况下,更多的征收碳关税会导致人民币 REER 的升值压力较大(S1-S4)。在国内措施方面,实行与发达国家相同水平的碳税将会导致"金砖国家"REER 大幅贬值,发达国家"一篮子"REER 贬值更加明显,说明如果国内开征过重碳税,则会导致人民币竞争力严重受损(S3-S2)。若国内减排措施比较合理,则碳关税和关税的组合政策仅会使人民币对金砖国家升值而对发达国家贬值(S4-S2)——进一步说明我国应加强与"金砖国家"的联系与合作,作为应对碳关税政策的缓冲基础和贸易结构转型的突破口。

表 4-12　不同政策情景下三种货币篮子 REER 指数变化情况

		2014 年	2015 年	2016 年	2017 年	2018 年	2019 年	2020 年
S4-S2	全球"一篮子"REER	0.22%	0.20%	0.16%	0.13%	0.11%	0.08%	0.05%
	"金砖国家"REER	0.04%	0.04%	0.05%	0.05%	0.06%	0.06%	0.06%
	发达国家"一篮子"REER	-0.14%	-0.19%	-0.24%	-0.28%	-0.32%	-0.35%	-0.39%
S3-S2	全球"一篮子"REER	-27.93%	-28.96%	-29.63%	-29.98%	-30.17%	-30.30%	-30.39%
	"金砖国家"REER	-2.77%	-2.86%	-2.97%	-3.06%	-3.12%	-3.16%	-3.18%
	发达国家"一篮子"REER	-16.62%	-17.29%	-17.65%	-17.74%	-17.72%	-17.64%	-17.52%

		2014 年	2015 年	2016 年	2017 年	2018 年	2019 年	2020 年
S1-S4	全球"一篮子"REER	16.72%	17.05%	17.18%	17.38%	17.63%	17.84%	17.98%
	金砖国家REER	1.49%	1.53%	1.57%	1.61%	1.65%	1.67%	1.69%
	发达国家"一篮子"REER	14.75%	15.35%	15.75%	16.14%	16.52%	16.85%	17.10%

　　然而,在中国从"金砖国家"一致性政策受益的同时,同样存在着其他"金砖国家"因此受损从而利益集团瓦解的可能。通过比较几种政策情景下"金砖国家"在国内实际价格水平方面的差异,能够进一步说明"金砖国家"内部潜在的政策风险。通过比较四种政策情景下各国实际价格水平的变化率得到,国内碳税对"金砖国家"的影响差异较大:中国实际价格水平增幅显著,印度、南非略有上升,而巴西、俄罗斯则不升反降,发达国家(除日韩外)的价格水平均有所下降。而在只征收碳关税时,中国、南非国内价格水平小幅上升,巴西、印度、俄罗斯的价格水平下降(本章附表4-9)。除此之外,"金砖国家"在 GDP 增长、社会福利损失等方面受碳关税政策影响的变化情况也存在很多差异,有关分析详见第五章气候壁垒政策比较部分。

　　事实证明,以"金砖国家"为代表的新兴发展中国家通过一定的国内减排措施履行排放责任已普遍达成共识,但在减排责任分配和边境碳税调整方面的分歧较大。虽然适当的"金砖国家"一致性政策能够起到缓冲发达国家碳关税冲击的作用,但无论是碳关税还是国内碳税,对"金砖国家"各自的经济影响仍存在着许多差异,因此不排除某些"金砖国家"出于自身经济发展利益的需要,改变原有利益集团一致性政策的可能,即存在受损国家寻求政策变革(如开征碳关税等)的风险。2013 年多哈全球气候大会中,俄罗斯宣布退出第二期《京都议定书》承诺便是极好的例子,"金砖国家"也因为对气候政策的分歧而转变为"基础四国",其背后的经济学含义可通过本书得到一定的解释。

第五节　新兴 FTA 的影响

奥巴马政府时期美国在全球范围极力推行的 TPP 和 TTIP,作为新世纪对全球经济格局影响最大的潜在 FTA,曾对当时的国际政治、经济、贸易(关税)、排放(一致行动)等产生了极大的冲击。随着特朗普政府的上台,以《巴黎协定》、TPP 为代表的"前任总统政治遗产"正在被否定,去全球化成为新时期更加敏感的话题。但不能否定的是,区域联盟仍是特朗普去全球化的重要手段,而以推行区域内自由化、区域外壁垒化的 FTA 在实质上也不可能真正消亡。因此,本篇仍以 TPP 和 TTIP 为例,简要分析新时期下类似举措可能带来的影响和冲击。

泛太平洋伙伴关系协定(The Trans-Pacific Partnership Agreement,TPP),是由文莱、智利、新西兰和新加坡等四国发起建立的最优关税协定(P4)发展而来的目前已涵盖了美国、加拿大、墨西哥、越南等十二个亚太地区国家的区域经济一体化贸易协定[①]。2015 年 10 月 5 日,12 个成员国宣布完成 TPP 谈判,形成了拥有八亿人口市场、占全球经济的比重达到 40% 的合作区域[②]。缔约国认为,各方通过谈判达成了高标准、高追求、全面、平衡的协议,并将促进各缔约国的经济增长;支持创造及保有就业;强化创新;提升生产力和竞争力;改善生活水平;减少贫困;提升透明度、治理水平;以及加强对劳工和环境的保护。该协议为亚太地区的贸易与投资设置了全新的高标准,美国商贸代表办公室更将其视为朝开放贸易和区域一体化的最终目标迈出的重要一步。其中,全面市场准入、区域性履约模式、应对贸易新挑战、包容性贸易以及区域一体化平台被称为 TPP 成为 21 世纪具有里程碑意义协议的五大关键特征,在考虑到新世代议题的同时,为全球贸易创设了新标准。

纵观 TPP 全文(USTR,2015),共分为三十个章节,除去开头和结尾章节,主体部分一方面是以"撤销和削减工业品关税及非关税壁垒"为代表的货物贸易、海关管理和贸易便利化、投资、跨境贸易和服务等更进一步推进区域贸易自由

---

①　张晗:《泛太平洋伙伴关系协定:回顾与展望》,《经济研究导刊》2012 年第 6 期。
②　张强:《TPP 对中国经济影响研究》,《商贸纵横》2015 年第 33 期。

化、去贸易壁垒政策;另一方面,则是在"协议覆盖区域内部推广共通的监管模式"为代表的技术性贸易壁垒、原产地规定、知识产权、环境、监管的一致性、透明度与反腐败等全球贸易发展新格局下的新的问题解决机制和制度安排,也是对未加入谈判的中国潜在负面冲击最大的协议条款。无论哪一类政策,最终都会同时直接作用于区域多边贸易并最终传导至国内部门产出,因此在进行 TPP政策情景设计时,必须同时考虑两种不同类型政策的作用效果。

与 TPP 相比,TTIP 的谈判进展由于谈判双方的经济体量和博弈力量更强而进展缓慢。美欧 TTIP 谈判自 2013 年启动以来,经过九轮谈判,议题日益具体、市场准入雏形初显,但双方围绕监管和规则设定仍存在较大分歧,预计最早可能在 2017 年达成总体协定。

TTIP 虽未完全成型,但其在诸多问题上已经达成基本共识,这些雏形协议与 TPP 在内容和本质上极其相似,可以认为是与 TPP 类似的甚至更加自由化、高标准的新型 FTA 协议框架。不难发现,均由美国参与和主导的、涵盖了除"金砖国家"之外几乎主要经济体的 TPP 和 TTIP,作为美国一体两翼、重返亚洲、重塑全球 FTA 框架的途径,已成为或即将成为中国不得不面对的重要问题。

一般自贸区对成员国和非成员国的影响可分成贸易创造、贸易转移、优先侵蚀和贸易逆转[①]。此种效应分解方式,可对应于在原有 WTO、APEC 框架下,TPP的成立,对新 FTA 成员和原有成员国的影响。而无论何种政策组合,对新老FTA 成员国均会产生积极和消极两方面的作用,但在影响程度上有较大差异[②]。

贸易创造方面,P12 成员国在 TPP 内部取消成员国之间的关税后,国内生产成本高的商品被成员国中生产成本低的商品所取代,来自成员国的低价进口商品替代了昂贵的国内生产的商品,成员国之间的贸易被创造出来。

贸易转移方面,在 TPP 成立以前,成员国从世界上生产效率最高、成本最低的国家进口产品;关 TPP 成立后,成员国该项产品转为由同盟内生产效率最高的国家进口。但如果同盟内生产效率最高的国家并不一定是世界上该产品生产效率最高的国家,则进口成本较前增加,消费开支扩大,使同盟国的社会福利水平下降。

①　Viner,Jacob,"The Customs Union Issue",Carnegie Endowment for International Peace, 1950.

②　Alan V.Deardorff, "Trade Implications of the Trans-Pacific Partnership for ASEAN and Other Asian Countries",*Asian Development Review*,vol.31(2),pp.1-20.

优先侵蚀方面,中国等原有 WTO 框架下而尚未加入 TPP 的国家,因为新 TPP 成员国进出口选择的增加而相应在出口和进口上受到损失。

贸易逆转方面,中国、韩国通过加入 TPP 或与 TPP 成员国建立新的 FTA,从而使先前的贸易转移消失或逆转。

根据 TPP 协议,该项区域贸易政策对中国的潜在影响有以下三个方面:

在加入协议前,现有 TPP12 国之间的自由贸易,特别是基于关税减免和原产地规定下,缔约国内部的贸易便利化以及对非缔约国的排斥性,使得中国在出口贸易端受到的不利影响。

加入协议后,一方面,可以利用上述贸易便利化条款而重新获得的有利于出口贸易的机会,同时进口也将受到冲击,影响国内市场。另一方面,面对更加严格的技术标准、审查要求,技术壁垒特别是绿色壁垒将直接影响我国产品的进出口贸易,可能抵消甚至吞噬贸易便利化带来的贸易利好,并对国内实体经济造成巨大冲击。

针对 FTA 的 CGE 研究已经非常广泛,其主要方法是运用 GTAP 模型,对已存或成形的 FTA 进行围绕区域集团化关税减免的情景模拟[1],随着 TPP 和 TTIP 谈判的深入推进,近年来运用 CGE 对 TTIP 和 TPP 的经济影响分析逐渐增多(Petri[2];Williams[3];胡再勇[4]等),研究具有一定的共性,即主要关注 FTA 内部贸易自由化对成员国和非成员的影响,基本结论主要落脚于对成员国的经济刺激作用和对中国贸易环境和宏观经济水平的抑制与恶化两方面。

随着 TPP 的正式生效,此前无法准确定位的协议作用贸易部门和影响的贸易条件得以明确,同时结合中国是否加入、何时加入等议题,以环境壁垒为非关税贸易壁垒的代表,考察 TPP、TIPP 对成员国和非成员国错综复杂、分阶段、分部门的影响,成为运用 CGE 模型研究 FTA 最新进展及影响亟待解决的问题。

---

① 薛敬孝、张伯伟:《东亚经贸合作安排:基于可计算一般均衡模型的比较研究》,《世界经济》2004 年第 6 期。

② Peter A.Petri,Michael G.Plummer,and Fan Zhai,2011,"The Trans-Pacific Partnership and Asia-Pacific Integration:A Quantitative Assessment",East-West Center Working Papers,October,No.119.

③ Brock R.Williams,"Trans-Pacific Partnership (TPP) Countries:Comparative Trade and Economic Analysis",CRS Report for Congress.

④ 胡再勇、李博:《TTIP 对美国、欧盟和中国经济影响的预测研究》,《首都经济贸易大学学报》2015 年第 1 期。

但由于 TPP 和 TIPP 在集团利益明确和谈判实质性进展等方面均有待进一步明确,即使成形的相关利益集团与本书前文所述"伞形国家""金砖国家"等情景设定并没有很大差别,因此不再展开 CGE 模型论证。

附　录

附表 4-1　2012 年全球主要商品贸易国出口额排名

排名	国家和地区	出口额(10 亿美元)	比重 %	同比增长率
1	欧盟	2167	14.7	0
2	中国	2049	13.9	8
3	美国	1546	10.5	4
4	日本	799	5.4	−3
5	韩国	548	3.7	−1
6	俄罗斯	529	3.6	1
7	中国香港	493	3.3	8
8	加拿大	455	3.1	1
9	新加坡	408	2.8	0
10	沙特阿拉伯	388	2.6	6
11	墨西哥	371	2.5	6
12	阿联酋	350	2.4	16
13	中国台湾	301	2.0	−2
14	印度	294	2.0	−3
15	澳大利亚	257	1.7	−5
16	巴西	243	1.6	−5
17	其他	3568	1.6	3
	总和	14764	100	2

资料来源:世界贸易组织(WTO),2014 年。

附表 4-2　2012 年全球主要商品贸易国进口额排名

排名	国家和地区	进口额(10 亿美元)	比重 %	同比增长率
1	美国	2336	15.6	3
2	欧盟	2301	15.4	−4

续表

排名	国家和地区	进口额（10亿美元）	比重 %	同比增长率
3	中国	1818	12.2	4
4	日本	886	5.9	4
5	中国香港	553	3.7	8
6	韩国	520	3.5	−1
7	印度	490	3.3	5
8	加拿大	475	3.2	2
9	墨西哥	380	2.5	5
10	新加坡	380	2.5	4
11	俄罗斯	335	2.2	4
12	中国台湾	270	1.8	−4
13	澳大利亚	261	1.7	7
14	泰国	248	1.7	8
15	土耳其	237	1.6	30
16	巴西	233	1.6	−2
17	其他	3242	1.5	13
	总和	14965	100	3

资料来源：世界贸易组织（WTO），2014年。

附表4-3 中国碳关税的CGE研究比较

	测算方法	调节行业	调节依据	情景描述	结果（变化）
谢来辉、陈迎	投入产出模型	美国从中国进口的8个主要能源密集型产业	被征税国产品内涵排放	税收占贸易额的比重	
				10美元/吨 CO_2 e	3.63%
				30美元/吨 CO_2 e	10.9%
				50美元/吨 CO_2 e	18.15%
沈可挺、李钢	动态CGE模型	15个工业部门	被征税国产品内涵排放	中国出口量变动	
				30美元/吨 CO_2 e	−3.53%
				60美元/吨 CO_2 e	−6.95%
贾尔斯·阿特金森	投入产出模型	所有行业	被征税国产品内涵排放	中国对美国出口面临的平均税率	
				50美元/吨 CO_2 e	3.1%

续表

	测算方法	调节行业	调节依据	情景描述	结果（变化）	
东艳、惠利	CGE 模型	根据各行业的碳排放强度，分为高碳和低碳两大行业	征税国产品的碳排放强度		中国高碳行业出口额	
				25 美元/吨 CO2 e	-0.02%	
				50 美元/吨 CO2 e	-0.03%	
				100 美元/吨 CO2 e	-0.06%	
				200 美元/吨 CO2 e	-0.11%	
鲍勤、汤铃、杨列勋	CGE 模型	30 个非能源行业以及 7 个能源行业	被征税国产品的碳含量		中国出口总额	
				10 美元/吨 CO2 e	-0.094%	
				30 美元/吨 CO2 e	-0.279%	
				40 美元/吨 CO2 e	-0.371%	
				50 美元/吨 CO2 e	-0.413%	
				60 美元/吨 CO2 e	-0.506%	
				70 美元/吨 CO2 e	-0.589%	
				100 美元/吨 CO2 e	-0.839%	
玛托等	动态 CGE			高收入国家的平均碳税水平	中国所有行业出口额	
		所有进口商品	被征税国产品的碳含量	234.8 美元/吨 CO2 e	-15.8%	
		所有进口商品	征税国产品的碳含量	239.9 美元/吨 CO2 e	-2.7%	
		能源密集型产业	被征税国产品的碳含量	248.1 美元/吨 CO2 e	-2.4%	
		能源密集型产业	征税国产品的碳含量	244.0 美元/吨 CO2 e	-1.2%	
朱永彬、王铮	CGE 模型	121 个部门	被征税国产品的碳含量		中国出口总额	
				20 美元/吨 CO2 e	-0.140%	
				50 美元/吨 CO2 e	-0.330%	
				80 美元/吨 CO2 e	-0.520%	
				100 美元/吨 CO2 e	-0.660%	
林伯强、李爱军	CGE 模型	工业部门和非工业部门	被征税国产品的碳含量	10 美元/吨 CO2	中国厂商在 OECD 国家市场份额	
				20 美元/吨 CO2	工业产品	非工业品
				50 美元/吨 CO2	0.0746%	-0.0006%
				10 美元/吨 CO2	0.1485%	-0.0011%
				20 美元/吨 CO2	0.3654%	-0.0027%
			征税国产品的碳含量	50 美元/吨 CO2	0.0157%	-0.0001%
					0.0313%	-0.0002%
					0.0779%	-0.0006%

续表

	测算方法	调节行业	调节依据	情景描述	结果（变化）	
李星	全球贸易分析模型（GTAP）	11个产业部门	根据GTAP数据库中有关二氧化碳排放量数据和每吨征收30美元和60美元的"碳关税"求得"碳关税"总额，用其除以对美出口总额得出产业"碳关税"率	30美元/吨CO2 e	中国各部门对美出口	
					农业	0.90%
					食品加工业	1.00%
					矿产及资源	2.40%
					造纸业	-10.40%
					石化工业	-11.15%
					矿物制品业	-35.86%
					金属矿业	-22.51%
					其他制造业	-1.49%
					建筑业	0.85%
					交通业	0.88%
					服务业	0.89%
				60美元/吨CO2 e	农业	1.75%
					食品加工业	1.93%
					矿产及资源	4.56%
					造纸业	-20.22%
					石化工业	-21.62%
					矿物制品业	-63.32%
					金属矿业	-41.99%
					其他制造业	-3.13%
					建筑业	1.63%
					交通业	1.70%
					服务业	1.72%

附表 4-4　基准情景下主要国家社会福利变化情况

国家（地区）	年份	增长率	国家（地区）	年份	增长率
中国	2014	10.43%	巴西	2014	-0.51%
	2015	9.40%		2015	-0.24%
	2016	8.58%		2016	-0.03%
	2017	7.88%		2017	0.18%
	2018	7.23%		2018	0.38%
	2019	6.64%		2019	0.58%
	2020	6.11%		2020	0.77%
美国	2014	1.61%	印度	2014	6.56%
	2015	1.52%		2015	5.92%
	2016	1.42%		2016	5.33%
	2017	1.35%		2017	4.86%
	2018	1.31%		2018	4.47%
	2019	1.28%		2019	4.14%
	2020	1.27%		2020	3.84%
欧盟	2014	-1.94%	俄罗斯	2014	1.19%
	2015	-2.08%		2015	0.51%
	2016	-2.18%		2016	0.02%
	2017	-2.23%		2017	-0.46%
	2018	-2.26%		2018	-0.88%
	2019	-2.26%		2019	-1.23%
	2020	-2.24%		2020	-1.49%
日本+韩国	2014	-0.37%	南非	2014	-2.44%
	2015	-0.42%		2015	-2.30%
	2016	-0.50%		2016	-2.25%
	2017	-0.54%		2017	-2.10%
	2018	-0.54%		2018	-1.92%
	2019	-0.52%		2019	-1.75%
	2020	-0.48%		2020	-1.60%

附表 4-5 S1 情景下主要国家 GDP 变化率

国家（地区）	年份	GDP 变化率	国家（地区）	年份	GDP 变化率
美国	2014	−1.84%	俄罗斯	2014	−7.32%
	2015	−1.84%		2015	−7.34%
	2016	−1.83%		2016	−7.42%
	2017	−1.82%		2017	−7.53%
	2018	−1.82%		2018	−7.64%
	2019	−1.81%		2019	−7.72%
	2020	−1.81%		2020	−7.78%
欧盟	2014	−3.43%	南非	2014	−0.39%
	2015	−3.49%		2015	−0.40%
	2016	−3.54%		2016	−0.38%
	2017	−3.59%		2017	−0.37%
	2018	−3.64%		2018	−0.35%
	2019	−3.68%		2019	−0.34%
	2020	−3.72%		2020	−0.32%
巴西	2014	−0.09%	日本+韩国	2014	−2.82%
	2015	−0.09%		2015	−2.86%
	2016	−0.08%		2016	−2.91%
	2017	−0.08%		2017	−2.95%
	2018	−0.08%		2018	−3.00%
	2019	−0.08%		2019	−3.05%
	2020	−0.08%		2020	−3.10%
印度	2014	−0.09%	中国	2014	−0.59%
	2015	−0.10%		2015	−0.58%
	2016	−0.10%		2016	−0.57%
	2017	−0.10%		2017	−0.57%
	2018	−0.10%		2018	−0.58%
	2019	−0.10%		2019	−0.59%
	2020	−0.10%		2020	−0.59%

附表4-6　四种碳税情景下美国和欧盟的 CO_2 排放量变化率

国家（地区）	年份	S1	S2	S3	S4
美国	2014	−12.79%	−12.75%	−12.66%	−12.75%
	2015	−12.77%	−12.73%	−12.66%	−12.73%
	2016	−12.75%	−12.72%	−12.65%	−12.72%
	2017	−12.73%	−12.70%	−12.64%	−12.70%
	2018	−12.71%	−12.68%	−12.62%	−12.68%
	2019	−12.69%	−12.66%	−12.61%	−12.67%
	2020	−12.67%	−12.65%	−12.60%	−12.65%
欧盟	2014	−9.84%	−9.69%	−9.43%	−9.74%
	2015	−9.85%	−9.70%	−9.46%	−9.75%
	2016	−9.86%	−9.72%	−9.48%	−9.77%
	2017	−9.87%	−9.73%	−9.50%	−9.78%
	2018	−9.88%	−9.75%	−9.52%	−9.80%
	2019	−9.90%	−9.76%	−9.54%	−9.82%
	2020	−9.91%	−9.78%	−9.56%	−9.83%

附表4-7　四种情景下人民币实际有效汇率的 LMDI 分解结果

S0	2014 年	2015 年	2016 年	2017 年	2018 年	2019 年	2020 年
国内价格效应	0.67%	0.61%	0.56%	0.51%	0.46%	0.42%	0.38%
贸易结构效应	2.80%	2.03%	1.29%	0.68%	0.17%	−0.26%	−0.64%
国外价格效应	−3.44%	−2.63%	−1.84%	−1.18%	−0.63%	−0.16%	0.25%
S1	2014 年	2015 年	2016 年	2017 年	2018 年	2019 年	2020 年
国内价格效应	0.67%	0.61%	0.56%	0.51%	0.46%	0.42%	0.38%
贸易结构效应	2.75%	2.02%	1.27%	0.65%	0.14%	−0.29%	−0.67%
国外价格效应	−3.38%	−2.62%	−1.82%	−1.15%	−0.59%	−0.13%	0.28%
S2	2014 年	2015 年	2016 年	2017 年	2018 年	2019 年	2020 年
国内价格效应	0.66%	0.61%	0.56%	0.50%	0.46%	0.41%	0.38%
贸易结构效应	2.79%	2.08%	1.32%	0.69%	0.19%	−0.23%	−0.60%
国外价格效应	−3.42%	−2.67%	−1.86%	−1.19%	−0.64%	−0.18%	0.22%

续表

S3	2014 年	2015 年	2016 年	2017 年	2018 年	2019 年	2020 年
国内价格效应	0.64%	0.59%	0.55%	0.50%	0.45%	0.41%	0.38%
贸易结构效应	2.91%	2.18%	1.36%	0.73%	0.25%	−0.15%	−0.51%
国外价格效应	−3.52%	−2.75%	−1.90%	−1.23%	−0.70%	−0.26%	0.12%
S4	2014 年	2015 年	2016 年	2017 年	2018 年	2019 年	2020 年
国内价格效应	0.66%	0.61%	0.56%	0.50%	0.45%	0.41%	0.38%
贸易结构效应	2.79%	2.08%	1.31%	0.69%	0.19%	−0.24%	−0.61%
国外价格效应	−3.41%	−2.67%	−1.86%	−1.19%	−0.64%	−0.18%	0.22%

附表 4-8　碳关税对煤炭、石油部门实际产出的影响

	年份	产出增长率	价格增长率
煤炭部门	2008	6.80%	0.01%
	2009	7.91%	−0.69%
	2010	7.05%	−1.97%
	2011	5.96%	−1.13%
	2012	4.88%	−0.85%
	2013	4.46%	−0.54%
	2014	4.08%	−0.70%
	2015	3.69%	−0.75%
	2016	3.31%	−0.68%
	2017	2.98%	−0.59%
	2018	2.69%	−0.54%
	2019	2.44%	−0.51%
	2020	2.23%	−0.49%

续表

	年份	产出增长率	价格增长率
石油部门	2008	10.63%	2.20%
	2009	13.62%	1.59%
	2010	13.17%	−0.73%
	2011	11.20%	−1.16%
	2012	9.91%	−1.42%
	2013	8.63%	−1.19%
	2014	7.74%	−1.15%
	2015	6.91%	−1.12%
	2016	6.14%	−1.10%
	2017	5.46%	−1.06%
	2018	4.88%	−1.00%
	2019	4.37%	−0.93%
	2020	3.93%	−0.87%

附表 4-9　碳关税对"金砖国家"国内价格水平的影响

	2014 年	2015 年	2016 年	2017 年	2018 年	2019 年	2020 年
中国	0.00%	0.00%	0.01%	0.01%	0.01%	0.01%	0.01%
	0.17%	0.17%	0.18%	0.18%	0.18%	0.19%	0.19%
	0.44%	0.46%	0.47%	0.48%	0.48%	0.49%	0.49%
	0.17%	0.17%	0.18%	0.18%	0.18%	0.19%	0.19%
巴西	−0.01%	−0.01%	−0.01%	−0.01%	−0.01%	−0.01%	0.00%
	−0.02%	−0.02%	−0.02%	−0.02%	−0.02%	−0.02%	−0.02%
	−0.04%	−0.04%	−0.04%	−0.04%	−0.05%	−0.05%	−0.05%
	−0.02%	−0.02%	−0.02%	−0.02%	−0.02%	−0.02%	−0.02%
印度	−0.01%	−0.01%	−0.01%	−0.01%	−0.01%	−0.01%	−0.01%
	0.04%	0.04%	0.03%	0.03%	0.03%	0.03%	0.03%
	0.12%	0.12%	0.11%	0.10%	0.10%	0.10%	0.10%
	0.04%	0.04%	0.03%	0.03%	0.03%	0.03%	0.03%

续表

	2014 年	2015 年	2016 年	2017 年	2018 年	2019 年	2020 年
俄罗斯	−0.03%	−0.01%	−0.01%	−0.01%	−0.01%	−0.01%	0.00%
	−0.09%	−0.07%	−0.06%	−0.06%	−0.06%	−0.06%	−0.05%
	−0.28%	−0.25%	−0.23%	−0.23%	−0.24%	−0.23%	−0.23%
	−0.10%	−0.08%	−0.07%	−0.07%	−0.07%	−0.06%	−0.06%
南非	0.01%	0.00%	0.01%	0.01%	0.01%	0.01%	0.01%
	0.04%	0.04%	0.04%	0.04%	0.05%	0.05%	0.05%
	0.05%	0.07%	0.07%	0.07%	0.07%	0.07%	0.07%
	0.04%	0.04%	0.04%	0.04%	0.05%	0.05%	0.05%

第五章 技术型气候壁垒对实际 有效汇率的影响研究

与侧重于影响供给侧的碳关税相比,技术型气候壁垒的作用主要在于对需求侧的影响。由于碳关税是国家间直接的经济制裁行为,对国民经济和国际贸易的影响冲击巨大,且短期内难以恢复。此外,基于前文的分析,在"金砖国家"内部针对碳关税政策同样存在着各国利益分歧,且碳关税的合法性仍未定论,因此虽然呼声强烈,但碳关税政策能否真正实行以及政策的稳定性尚不明朗[①]。相比之下,随着技术贸易壁垒的兴起,以低碳标准和绿色标识为代表的碳标签政策,已经越过国际法和 WTO 框架,在全球兴起和蔓延起来。

本章首先对碳标签的发展现状及配套政策体系进行总结分析,并以文献调研为基础总结碳标签对宏观经济的传导机制,并给出定量影响研究的调研结果作为全球 CGE 模型模拟的依据,最后通过情景模拟量化碳标签对宏观经济和人民币实际有效汇率的影响,比较碳标签与碳关税的政策效果与成熟度。

第一节 碳标签的提出与发展

碳标签是为了缓解气候变化、减少温室气体排放,推广低碳排放技术,将商品在生产、运输或处理过程中排放的温室气体通过量化指数等形式显示的一种产品标识方法。其主要优势在于通过易于理解的形式反映产品生产过程的排放

---

① Mario Larch and Joschka Wanner, "Carbon Tariffs: An Analysis of the Trade, Welfare and Emission Effects", CESifo: Working Paper, 2014.

信息、降低相关交易成本,有利于消费者掌握购买行为所带来的环境影响并改善其消费行为(Carbon Trust①),从而为促进低碳产业发展、配合碳税和碳交易等相关政策落实提供有力保障。

随着低碳政策的推广和社会节能环保意识的增强,越来越多的国家和地区通过政策法律和试点等形式开展了碳标签工作,目前全球共有 67 个国家或地区实施碳标签行动,涵盖产品超过 5000 种(CLASP②),为碳标签工作的深入开展与推广积累了丰富经验。

行业层面,随着乐购、沃尔玛等多家大型企业开始推行和加入碳标签行动,使碳标签在更大范围行业内实行的可能性不断加大。

政府层面,奥巴马在其最新关于气候变化的行动方案中明确提出将为电器等更多产品建立能效标准。根据 IPCC 评估报告相关规定,排放标准与碳标签是促进生产者改善能源效率、提供告知消费者产品能效表现与能源成本信息的一种方式,甚至能起到比价格手段更加明显的减排效果③。

然而,由于各国碳标签工作在试点实施行业、排放计量标准以及相关配套政策方面都存在很大区别,碳标签对不同经济发展水平、贸易结构的国家和地区的影响具有较大不确定性,因此目前碳标签的深入推广和国家间标签标准统一等工作仍进展缓慢。

第二节　全球碳标签体系研究

碳标签作为政府应对气候变化、推进节能减排工作的重要手段,是一种政府宏观引导、企业主动参与、社会积极响应的市场调节工具,在其实施过程中需要通过"法律法规制定、政府政策落实、社会主体参与、经济手段辅助以及市场需求培育"等自上而下配套政策体系保障其顺利实施。

---

① Carbon Trust,"Product Carbon Foot Printing: the New Business Opportunity-Experience from Leading Companies",2008.

② *Global S&L Database*,2013.

③ Newell R.G.,A.B.Jaffe,R.N.Stavins,"The Induced Innovation Hypothesis and Energy-Saving Technological Change",*The Quarterly Journal of Economics*,1999,114,pp.941-975.

一、政策法规发展现状

通过推行碳标签提高公众减排意识、约束碳排放量已成为各国应对气候变化工作的重要组成部分,且在立法层面的重视程度逐步提高。碳标签的政策法规体系可分为国际公约和各国法律法规两个层面。

国际公约层面,《联合国气候变化框架公约》《京都议定书》等一系共同行动公约为碳标签的实施推行提供了国际法依据,然而随着《京都议定书》到期,以及美国强势退出《巴黎协定》,目前全球仍缺乏具有强制约束力的法律性公文。

在各国法律法规层面,发达国家在碳标签立法工作中更加积极,通过明确立法或强制碳标签政策推进碳标签在其国内的试点工作。2010 年法国《新环保法案》获得通过,规定在法国境内销售的所有产品必须使用环境标签,这是全球首个针对消费品的强制环境标签立法[1]。截止到 2013 年 4 月,已有 12 个国家和地区,明确通过法律法规在其国内推行碳标签制度(见本章附表 5-1)。

根据对企业参与碳标签的约束力,可以将碳标签政策分为自愿型碳标签与强制型碳标签。自愿型碳标签具有企业成本、社会成本和交易成本较低的特点,是政策实施初期和过渡时期的主要方式,共有 38 个国家和地区颁布或实施了288 项强制型碳标签政策以及 546 项自愿型碳标签政策。

二、碳标签体系相关主体

在碳标签试点过程中,主要涉及的参与主体包括:政府监管部门、碳标签标准制定机构、碳排放计量与核准机构、标签试点实体以及市场消费者,参与方在碳标签体系中的地位与职能各不相同。

政府监管机构主要负责制定和颁布碳标签标准相关的法律法规政策,从法律高度规范和指导碳标签工作的试点与推广,并根据发展需要进行政策调整。

---

　①　Lashonda McLeod and Xavier Audran, "Proposed Carbon Footprint Labeling Could Step on Trade", *Global Agricultural Information Network*, 2010, pp.335-340.

其中中央政府负责宏观把握碳标签工作进度与发展方向,地方政府根据地方特点制定相应配套落实政策。

碳标签标准制定机构主要负责制定碳标签的行业标准和规范,既可以是国家相关标准管理机构,也可以是独立的标准化协会。标准规范的制定既需要从宏观层面明确指导性原则,又要根据不同行业特点和可操作性进行具体设计。

碳排放计量与核准机构主要负责根据相关标准具体审核产品生产过程的温室气体排放量,并以独立第三方的形式予以证明。坚持审核机构的独立性与审核结果的公正、公开和可比性是确保低碳标准标识健康可持续发展的基础。

独立第三方不但能够在标准制定与推广过程中起到积极的作用,而且能够通过自身的监督、审查和宣传作用推动碳标签试点工作。

标签试点实体主要指申请和接受低碳标准标识认证体系的行业企业。企业是碳标签工作的载体和服务对象,只有尽量减少碳标签对企业行业竞争力的负面影响,才能提高企业参与碳标签试点推广工作的积极性,确保相关工作的顺利开展。

市场消费者是决定碳标签工作能否成功的关键因素。市场接受度是影响企业选择生产方式、政府考量低碳工作的依据,只有可靠的市场前景和相对确定的市场风险才能实现碳标签的最终目标,即通过改变社会消费行为实现社会经济发展的低碳转型。

三、特殊主体简介

1.非政府组织(非政府组织)

非政府组织是在全球共同行动谈判过程中,推动部分应对气候变化措施有效开展的重要组织机构,发达国家尤其活跃。根据美国1988—2003年集体主张与反对活动统计(表5-1、表5-2)可以发现,环境领域非政府组织已经成为影响公众行为与政府决策的重要力量,且标签标准和环境影响报告是工业循环利用和温室气体排放领域最重要的议题。

表 5-1 1988—2003 年美国非政府组织活动统计

策略	民事诉讼	抗议	抵制	书信写作	代理投票	合计
环境类 NGO	266	101	59	9	33	468
非环境类 NGO	16	11	16	2	7	52
宗教组织	6	0	0	0	224	230
激进分子	55	2	0	0	50	107
其他	0	1	1	0	233	235
总计	343	115	76	11	547	1092

资料来源：Michael and Charles，2009。

表 5-2 1988—2003 年美国非政府组织议题统计

议题 \ 要求的行动	改变运营	报告影响	标签产品	接受标准	总计
污染	308	56	0	0	364
土地占用	266	19	0	0	285
工业回收	15	34	74	0	123
温室气体排放	11	57	19	0	87
其他	62	94	0	77	233
总计	662	260	93	77	1092

资料来源：Michael and Charles，2009。

随着各国对碳标签问题重视程度加深，越来越多的非政府组织和独立机构开始关注并积极推动区域内和国际碳标签与标准的实施，如 Global Ecolabelling Network、Eugene Standard、EKOenergy、Carbon Counted、ANEC 以及 Timerland 和 Casino 等大型公司(见表 5-3)。

表 5-3　全球部分代表性非政府组织及其基本职能

组织范围	非政府组织名称	非政府组织数量	目标职能
全球	Global Ecolabelling Network	25	增强国家间标签行动信息交流
	Eugene Standard	9	鼓励新能源发展
	EKOenergy	13	增强能源生产环境影响的公共意识
欧盟	ANEC	27	推动技术标准设计与进步
	BEUC	41	保护欧盟消费者权益
美国	California Clean	1	区域环境清洁组织
	Timerland	1	对自身产品进行碳足迹核算与评级
加拿大	Carbon Counted	1	测算管理碳足迹的独立第三方

资料来源:国家气候变化战略研究和国际合作中心,2013 年。

　　随着社会环保意识的增强,非政府组织在低碳环保宣传、碳标签推广、社会民意与政府决策联结等方面的积极作用更加突出(Matt[1];Vijeta[2])。

　　碳标签的实施效果与市场接受度有直接的关系,而消费者对碳标签的接受程度主要取决于对碳标签了解程度和标签公信力等方面[3],非政府组织作为独立第三方能够有效提高标签的社会认可度与公信力,推动碳标签和标准的示范与推广。

　　另一方面,非政府组织行为也存在着对市场的扭曲和干扰风险。非政府组织和企业可以通过碳标签等形式拉拢本国消费者,从而越过 WTO 和政府框架达到挤占国外商品市场份额的目的[4];非政府组织组织的集体抗议等活动可能

---

[1]　Matt Courtland,"Carbon Labels:A Key Element in Climate Change Education",*Environmental leader*,2011.

[2]　Vijeta Rattani,"The Role of NGOs in Effectively Addressing Climate Change",The open think tank on foreign policy,2013.

[3]　Shane Baddeley,Peter Cheng,Robert Wolfe,"Trade Policy Implications of Carbon Labels on Food",*The Estey Centre Journal of International Law and Trade Policy*,2012.

[4]　Vangelis Vitalis,"Private Voluntary Eco-labels:Trade Distorting,Discriminatory and Environmentally Disappointing",*Round Table On Sustainable Development*,2002.

会对消费者支付意愿产生影响从而进一步影响到股票市场（Pruitt 和 Friedman[①]；Koku 等[②]）。

2.专项资金与其他措施

目前国际上应对气候变化的专项资金有很多,如气候变化基金（CCF）、绿色气候基金（GCF）和气候变化特殊基金（SCCF）等,大多数基金建立在 UNFCCC 框架之下,致力于通过专项投资和技术转移等形式帮助发展中国家共同应对气候变化[③]。

此外,世界主要经济体在其国内也设置了相应的专项资金或财政预算,如欧盟"全球能源效率和可再生能源基金"和美国"气候变化适应基金"等。毋庸置疑,碳标签和标准是各类专项基金支持的措施之一,特别是在碳足迹核算、碳标签生产等环节,专项基金可以弥补成本、减少负面影响,从而提高相关主体参与的积极性。

此外,财税政策、行政规制、社会投融资等政策措施都是应对和适应气候变化行动的重要组成部分,且与碳标签标准有着紧密联系,其操作方法、成本效益以及社会环境影响与前述政策措施类似。

目前全球关于碳标签和标准的政策措施框架基本特征大致如下：

各国在国际谈判框架下相继出台法律法规推行碳标签,已经开始出现关于强制性碳标签的专门立法文件；基于全生命周期的碳标签将成为各国征收碳税以及国际贸易中边境税收调整的合理依据,也是实现环境产品自由贸易的助推器,但各国间碳标签标准的差异化问题仍然没有得到解决；独立第三方在推行碳标签问题上能够起到特殊而重要的作用,特别是在公共意识、市场培育以及独立核算第三方等方面,但非政府组织行为对市场的扭曲需要得到高度重视和控制；专项资金是联合发达国家与发展中国家共同行动的桥梁,国内专项资金可以弥补碳标签的成本与负面效应,但其使用必须透明化。

---

① Pruitt,S.W.,M.Friedman,"Determining the Effectiveness of Consumer Boycotts：A Stock Price Analysis of Their Impact on Corporate Targets",*Journal of Consumer Policy*,1986,9(4),pp.375-387.

② Koku,P.S.,A.Akhigbe,T.M.,"The Financial Impact of Boycotts and Threats of Boycott",*Journal of Business Research*,1997,40(1),pp.15-20.

③ 刘兰翠等：《世界主要国家应对气候变化政策分析与启示》,《中外能源》2009 年第 14 期。

第三节　碳标签对宏观经济的传导机制分析

目前碳标签工作主要集中在制定标准规范、选择试点行业方面,而对碳标签所产生的生产、消费以及宏观经济领域的影响分析关注程度较少。政策效果的不确定性较大在一定程度上影响了碳标签在供给和需求侧的推广效率。基于前期研究工作,碳标签对经济的影响主要表现在:对生产侧和消费侧的直接影响、对国际贸易的影响以及对市场扭曲和宏观经济的影响三个层面。

一、对生产和消费侧的直接影响

供给角度,激发企业愿意主动实行碳标签的唯一动力是边际收益大于边际成本,然而碳标签和标准在执行初期用于碳足迹核算、碳标签制作与包装等费用较高,在缺乏明确市场需求的情况下,企业的积极性必然受到影响。

理论研究方面,Baldwin[1] 指出类似技术贸易壁垒将会对产品的固定成本与可变成本均产生影响,其为企业带来一种单位产品成本的增加可视为一种标准化运输成本,而固定成本则可分为一般型生产费用和与各国不同要求有关的分地区固定成本[2]。

实际操作层面,德国"花标签计划"将会带来最高 1 美元/个产品的费用;欧洲木材认证所带来的附加成本是采伐成本的 5%—10%[3];美国"绿色印章"证书为每种产品增加 3500 美元到 8500 美元的成本[4];法国强制碳标签成本占商品价

---

① Baldwin R.E.,"Regulatory Protectionism, Developing Nations and a Two-Tier World Trading System", in Collins S.and Rodrik D.(eds.),*Brookings Trade Forum*, Washington, DC: Brookings Institution, Republished in Maskus K.and Wilson J.S.(eds.),*Quantifying the Impact of Technical Barriers to Trade: Can it be done?* Ann Harbor, Michigan, Michigan University Press,2000.

② Baldwin R.E., Forsild R.,"Trade Liberalization with Heterogeneous Firms", NBER Working Paper, 2006,12192.

③ Vangelis Vitalis,"Private Voluntary Eco-labels: Trade Distorting, Discriminatory and Environmentally Disappointing",*Round Table On Sustainable Development*,2002.

④ Jay S.Golden,"An Overview of Ecolabels and Sustainability Certifications in the Global Marketplace", *Corporate Sustainability Initiative*,2010.

格的 5% 左右①；实施或增加能效标签将会给泰国冰箱带来零售价 1.5% 至 14.2% 的成本增加。

需求角度，消费者对碳标签的认知是决定相关产品市场接受度和碳标签示范效果的关键，自身效用最大化的消费者只有在更好地掌握产品信息及价值后才会产生购买动机。包含更多产品信息的商品具有对其他同类产品更高的替代弹性②；根据调查显示，70% 的消费者表示愿意购买具备低碳标准认证的产品，而有 30% 的消费者会真正购买③。

二、作为非关税贸易壁垒(技术壁垒)的影响机制

作为一种标签或行业标准，碳标签和标准属于非关税贸易壁垒中的技术壁垒(Technical Barrier to Trade)。随着贸易自由化和传统关税减让的进一步扩大，非关税贸易壁垒逐渐兴起(图 5-1)，且具有形式多样、识别困难等特点。

由于目前多数碳标签为自愿性质，缺乏有效的数据支撑，因此碳标签的经济影响需要通过基于一般技术贸易壁垒的模拟进行分析。目前研究领域对技术贸易壁垒的分析方法主要包括：调研分析、实证分析和可计算一般均衡模型(CGE)分析，其影响主要表现在贸易总量、交易成本、商品价值和进出口替代弹性等方面(表 5-4)，同时由于各经济部门之间相互作用，进一步影响到整个宏观经济。

表 5-4　基于不同方法的技术贸易壁垒经济影响研究

影响领域	研究方法	基本结论	参考文献
经济总量	CGE 模型	欧盟对中国电子产品的技术壁垒将会导致中国 GDP 下降 1.68%	Wu 和 Zhao,2010

① Lashonda McLeod, Xavier Audran, "Proposed Carbon Footprint Labeling Could Step on Trade", *Global Agricultural Information Network*, 2010, pp.335-340.

② Gasiorek, M., Smith, A., Venables, A.J., "Trade and Welfare—a General Equilibrium Model", in L.A. Winters (ed.), *Trade flows and trade policy after "1992"*, Cambridge, UK: Cambridge University Press, 1992.

③ Nitin lal Bhardwaj, "Consumer Buying Behaviour toward Carbon Labelling (FMCG) in TESCO Supermarket", *International Journal of Data & Network Security*, October, 2012.pp.201-225.

影响领域	研究方法	基本结论	参考文献
贸易总量	实证分析	每增加 1% 的技术贸易壁垒贸易份额,将会给美国增加 60 亿美元的贸易总量	Moenius,1999
	实证分析	国际标准的实施对英国的进口影响甚微,而能够增加出口,出口弹性约为 24%	Swann 等,1996
	实证分析	发达国家对中国每增加一个技术壁垒,会导致其出口额减少 29.16%	潘菁,2004
交易成本	调研分析	美欧关于 IT 产品的强制标准检测使得美国企业年均成本增加 13 亿美元	USITC,1998
	CGE 模型	欧盟标准化进程可以通过提高效率而将贸易成本降低 2.5%	Gasiorek 等,1992
商品价值	调研分析	为满足欧盟的技术标准所增加的时间为 6—8 周,相当于损失商品价值量约 5%—10%	USITC,1998
进出口弹性	CGE 模型	标准化可以使得消费者更加了解和相信进口产品,从而提高进出口产品替代弹性	Gasiorek 等,1992
部门产出	CGE 模型	欧盟对华电子产品设置技术贸易壁垒会导致 IT 产业产出下降 37.66%,其他工业部门产出下降 1.36%,农业不降反升 5.09%	Wu 和 Zhao,2010
社会福利	CGE 模型	非关税贸易壁垒(包括数量限制和技术壁垒两类)将导致叙利亚国内居民社会福利损失占 GDP 比重达 0.4%—4.8%	Chemingui 和 Dessus,2007

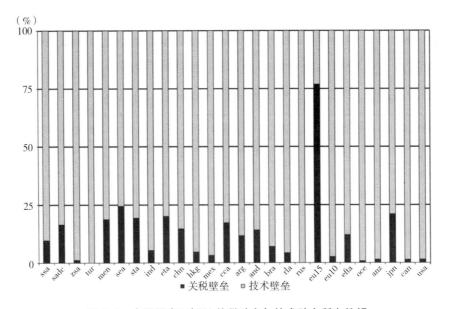

图 5-1　主要国家(地区)关税壁垒与技术壁垒所占份额

资料来源:Kee at al.,2006。

基于上述研究成果分析,目前技术贸易壁垒对社会经济的影响及基本传导逻辑如下:

与传统关税贸易壁垒相似,技术壁垒首先对相关产品出口国的贸易条件产生直接的影响,有所区别的是,这种负面影响并非成本效应,而是通过增加区域间交易成本(或减少自贸区内部交易成本)、提高贸易产品与本国同质产品的替代弹性以及通过时间等因素间接影响(减少)商品价值量等方式,从而导致贸易总量的增加或减少(根据产品属性以及生产技术相对水平而定)。

根据一般市场交易和国际贸易理论,国际贸易通过经常账户将贸易条件的改变进一步传导到国内宏观经济,从而导致同类商品相对价格变化,贸易双方的部门产出均会受到影响,且商品出口国的负面影响更大,最终各部门复杂的投入产出关系会导致整个经济总产出和社会福利的变化受损。

由于碳标签所反映的碳足迹等应对气候变化相关问题,在国际谈判层面仍未能完全达成共识,特别是在发达国家与发展中国家责任分担与产品碳足迹核算规范与产品目录等方面,碳标签的社会经济影响更加复杂:

一方面碳标签配套政策会对碳标签的实施效果产生巨大影响;另一方面,碳标签的标准加复杂且尚未达成国际共识,企业更易于接受自愿性而非强制性标签[1],在国内实施碳标签和进行国家谈判时,必须基于国情、兼顾公平与效率,有针对性地开展国家和地方层面工作。

三、财税政策、专项资金与政府采购的经济刺激作用

随着碳标签的逐步推行,可以为国际谈判创造更加宽松的平台,同时政府的财税政策也可以对碳标签和标准的发展提供帮助。因此政府应该加大对于社会公共意识方面的宣传教育力度,帮助消费者进一步了解低碳产品和自身购买行为的环境影响,扩大碳标签与标准的影响力。

因此政府可以通过在相应生产环节对碳标签试点企业进行税收减免或生产补贴,或者通过政府采购保证相关产品的市场需求,从而提高企业积极性。

---

① Jill E.Hobbs, William A.Kerr, "Consumer Information, Labelling and International Trade in Agri-Food Products", *Food Policy*, 2006, 31, pp.78-89.

政府行为需要有财政预算作为保障,如果能够将计划征收碳税(或环境污染税)的财政收入用于碳标签扶持预算中(如相关产品减税或政府采购等),就能应对"碳税只是政府的一种扩大财政收入的变相征税行为"的质疑,起到在促进环境改善的同时不损害经济发展的"双重红利"效果①。

关于政府采购的延伸问题是:采购首先要明确的就是采购商品名单,而国内碳标签名录或低碳产品名录是否满足政府采购范围的基本要求尚存疑虑——据了解,目前国内低碳产品目录设计的基本思路是指导高耗能产业实现低碳化转型,因而大多数产品清单主要为工业化工产品,这与国际上碳标签主要对象(最终消费品)不同,因而在真正落实政府采购政策时可能会存在无从下手的现象。

更进一步地,在针对终端消费品进行产品目录设计与推广时(在我国往往先分批试点,后逐步推广的方式进行),由于市场的不确定性和短期投资成本无法收回等原因,加之企业担心自身信息外露可能造成的市场不公平竞争,可能会出现企业的示范积极性不高的问题,而政府的支持(采购/补贴)力度过高则可能出现增加市场波动、扭曲市场价格,甚至通过行业间传导机制造成产业结构改变等问题——因此必须合理有效选地取具有示范效果(市场份额大)、示范动机(高新技术产业)和示范实力(国有企业)的行业企业。

四、非政府组织

第三方在保证市场信息的可靠性方面具有非常重要的作用,由于企业自愿性标准标识缺少社会公信力、政府的职能往往比较宏观,因此非政府组织在解决信息收集、公共产品(碳标签)在个人购买决策(一般商品)中的"搭便车"问题(Free rider problem)等方面非常高效——即非政府组织在充分发挥公共属性产品的正外部性同时,能够有效杜绝个人或企业利用这种外部性谋取不正当利益,并减少这种行为的可能性,增强市场信誉、减少交易成本。

非政府组织的优点在于作为独立第三方的社会责任以及与其他社会主体相对独立的关系,然而如果非政府组织是由政府或大型企业协助建立,其观点或立

---

① Benoît Bosquet, "Environmental Tax Reform: does it Work? A Survey of the Empirical Evidence", *Ecological Economics*, 2000, 34, pp.19-32.

场同样会受到质疑。另一方面,截至 2011 年全球共有 207 个国家或地区共计 400 多种生态标签(eco-label)或证书机制,由于资助来源、目标职能等差异,种类繁多的"低碳标签"必将给消费者困扰,从而影响低碳标准标识的示范和推广效果。

第四节　潜在风险与国内试点政策设计

基于对碳标签政策体系及经济传导机制分析,本书认为低碳标准和碳标签对市场的潜在危险主要包括以下方面。

一、技术先进程度决定了技术壁垒的受益/受损程度

作为一种(潜在)技术贸易壁垒,碳标签可能会对贸易商品进行"直接限制"或"间接征税"。"直接限制"是指对不达标或未附有碳标签的产品进行贸易量限制(甚至禁运),所谓"间接征税"即该贸易品为了满足相关标准和要求而额外增加的成本,或限制国对此类产品直接征收类似于反倾销税的"边境调节税"等。

这种技术贸易壁垒能够直接作用于商品价格,从而极大地影响该部门的贸易量和总产出——发达国家出口从中受益、发展中国家贸易和产出均出现大幅下滑,发达国家间贸易中行业技术和标准先进的一方受益更大。

因此在技术贸易壁垒时代,技术先进(标准规范)方在国际贸易磋商、应对气候变化谈判以及克服非关税贸易壁垒等方面具有优势,其推动全球制定统一低碳标准背后的经济驱动力更强 。

二、核算标准决定责任分担:贸易结构和交通运输排放责任归属问题至关重要

当前国际贸易以发展中国家向发达国家输出原材料和劳动力密集型产品、输入资本和技术密集型产品为主要格局,而不同类型商品的全生命周期排放核

算结果差异巨大。

在低碳标准和标识方面发达国家与发展中国家仍未达成共识，由于独立审核机构的缺失和国际合作进展缓慢，无法对某种商品在国外最终消费和处理时的排放量进行准确评估，因此发达国家在国际上所倡导的标准多以 UNFCCC 提出的基于生产的核算方法为主，以国界为责任分担标准，或包含国内生产和出口在内的核算方法——目前多数国家内部实行的标准标识多为此类型。

随着对发展中国家贸易结构和公平问题的关注，基于消费的核算方法得到越来越多的支持[1]，即将核算范围由"国内生产+出口"转变为"国内消费+进口"的模式等。基于生产和基于消费方法的主要区别在于对进出口的处理方式不同——不同国家的贸易条件和贸易结构差异巨大，基于生产的方法会对以原材料出口导向型为主的发展中国家产生高昂的排放压力，而造成减排责任上的不对等。目前阶段碳标准和标识仅在各国内部实行，因此这一问题尚未暴露，但作为未来国际谈判的重要基础，国内规范而广泛的基于消费的核算方法应该得到重视和推广。

因此，目前发达国家以其区域内碳标签及碳计算标准为基础积极开展国际合作与推广的另一层可能风险是希望通过自身相对成熟的既成规则，在全球碳标签与标准领域取得话语权，通过基于生产的核算方法逃避减排责任。

对上述论点的一个有力证据是关于交通运输领域对于贸易产品 LCA 碳排量的贡献度研究。根据对不同行业代表企业的调研研究表明，交通运输在其产品全部碳排量中占有显著的比例，具体数值因行业而异（见表5-5）。因此对交通运输过程的碳排放责任分担必须得到国家的高度重视——欧盟 EUETS 航空碳税问题已经开始将交通运输领域排放责任推向国际谈判的争论焦点。

表5-5　不同行业企业交通运输过程碳排量

企业/行业	行业	总排放量（$MtCO_2$）	交通环节排放量（$MtCO_2$）	交通相关排放量占比
三一镜报	新闻	0.094	0.01	11%
苹果	电子	5.1	0.51	10%

---

① Wilting,H.,Vringer,K.,"Environmental Accounting from a Producer or a Consumer Principle：an Empirical Examination Covering the World",16th International Input-Output Conference,2007.

企业/行业	行业	总排放量（$MtCO_2$）	交通环节排放量（$MtCO_2$）	交通相关排放量占比
拜尔	制药	7.57	0.5	6.2%
英美资源集团	矿业	20	2.9	14.5%
力拓集团	矿业	28.3	6.6	19%

资料来源：国际贸易和可持续发展中心，2011 年。

因此，以避免未来潜在国际贸易摩擦为出发点的国际低碳标准和碳标签交流合作，其背后的经济和政治利益非常复杂，在合作初期需要对标准制定的方法论、区域间合作的技术路线图进行细致、谨慎的探讨。基于碳标签对发展中国家和发达国家影响的巨大区别，此项议题是否存在真正的共赢？其突破口在于基于各国责任公平分担原则的碳排放测算标准制订和发达国家的责任补偿措施（Rodrigues 等[①]；Lenzen 等[②]）。

三、政府与非政府组织的相互定位——游离于国内公信机构与国际争端前沿

由于政府职能范围限制和国际谈判的考虑（WTO 技术贸易壁垒 Agreement），非政府组织和独立第三方在低碳标准和标签方面能够与政府协调合作，起到相辅相成的作用；另一方面，过度活跃的非政府组织也可能造成对市场经济秩序的破坏。

根据 WTO 关于技术贸易壁垒的规定，只有国家间基于政府层面的技术贸易壁垒才属于 WTO 管辖框架，因此由政府直接设定行业低碳标准和碳标签从国际法层面引起国家间贸易摩擦的风险较大；基于非政府组织或独立第三方的低碳标准和标签则可以绕过 WTO 相关规则，通过影响本国消费者购买倾向、控制国内需求市场的方法，起到限制未达标产品准入或进口品强制达标的

[①]　Rodrigues,J.,Domingos,T.,Giljum,S.,Schneider,F.,"Designing an Indicator of Environmental Responsibility",*Ecological Economics*,2006,59,pp.256-266.

[②]　Lenzen,M.,Murray,J.,Sack,F.,Wiedmann,T.,"Shared Producer and Consumer Responsibility——Theory and Practice",*Ecological Economics*,2007,61（1）,pp.27-42.

效果。

然而目前非政府组织最大的潜在问题是组织松散且多依附于政府或企业，因此短期内通过非政府组织建立具有社会公信力标准标签的方法难以实现，而一旦政府介入非政府组织发展，又会间接引发 WTO 框架下的国际贸易纠纷。目前发达国家努力发展的非政府组织联盟，如 Global Ecolabelling Network 等组织，既满足独立运作的第三方特征，又能够在更大范围内推行统一标准标签，是低碳领域非政府组织发展的重要趋势。

作为一种非营利机构存在的非政府组织，在市场经济中应该扮演信息交换者的角色。在技术标准领域，非政府组织为了更好地实现自身目标，往往采取更加激进的方式影响消费者的购买选择，通过需求效应直接导致市场失衡，强迫商品出口国甚至本地企业接受相关技术标准——因此非政府组织的公共服务职能可能会被放大，政府需要通过监管手段予以规制。

简言之，在国内低碳标准标识发展过程中，政府既要让非政府组织作为其建立行业低碳标准、应对 WTO 贸易纠纷的先行力量，又必须在非政府组织独立运作的同时保持对非政府组织的有效监管。解决非政府组织标准标识体系繁多的一个重要思路是建立非政府组织联盟并根据组织协议实行联盟自治与国际交流合作。

四、国内碳标签试点现状

2009 年 10 月，中国环保部宣布将实施产品碳足迹计划，符合的产品加贴低碳标签，企业根据自愿的原则参与。目前，环保部已经发布了包括家用制冷器具、家用电动洗衣机、多功能复印设备和数字一体化速印机在内的九项中国环境标志低碳产品认证。

国家发展改革委员会颁布的《低碳产品认证管理暂行办法》（下称《管理办法》）对低碳产品认证工作的实施和监管主体、相关认证机构和人员资质、低碳产品认证规则制定主体、涉及重大认证技术的责任主体，以及认证相关具体事宜等提出了要求。

《管理办法》的颁布，标志着我国碳标签发展进程的重要一步。伴随着低碳产品认证试点工作在广东、重庆、湖北三省市的展开，相关的配套细则仍然在研究、试运行和酝酿中,碳标签真正步入公众视野仍有待时日。通过比较三试点地区对低碳产品种类的选择(表5-6),可以发现,广东省以面向消费者的低碳产品为试点对象;重庆选取了两方面产品,分别为面向消费者的耗能产品,以及面向工业生产企业的电力设备、生产原料和化学品为试点对象;湖北省则主要选取面向生产企业的产品作为试点对象。

表5-6　低碳产品认证试点首批试点产品种类

试点	低碳试点认证产品种类	种类特征
湖北	水泥、平板玻璃(浮法玻璃)、汽车行业的相关企业	工业生产企业
重庆	汽车、摩托车、风力发电设备、半导体照明产品、玻璃纤维、多晶硅、精对苯二甲酸、聚甲醛、变性燃料乙醇等	消费品:交通工具、灯具;工业品:可再生能源发电设备、工业生产原料、工业化学品
广东	电冰箱、平板电视、空调、电视机、平板玻璃、水泥、新开发铝型材	消费品:家用电器、建筑材料

资料来源:陈洁民,2010;杨雅敏,2012。

总体来看,本次低碳产品认证三试点地区试点工作涵盖的产品类型既包括面向消费者的家用电器、交通工具,也包括大量工业生产原料、设备、化学品等,多为耗能产品,范围广,种类多,利于我国低碳产品认证制度的政策实践。

五、碳标签政策建议

碳标签对发达国家和发展中国家的影响差异巨大,其根本原因在于技术的先进程度和标准普及程度。由于贸易结构问题导致的贸易过程中的排放责任应该在各国相互理解的基础上,发达国家主动承担。

碳标签作为潜在技术贸易壁垒在未来可能引起国际贸易摩擦,通过非政府组织行为可有效避免此类问题,政府一方面需要保证非政府组织的独立性,另一方面要防止非政府组织过多的干预市场行为。政府行为(专项资金、财税政策、政府采购等)可以有效调动碳标签试点与推广的积极性,且可以成为将碳税作为一种转移支付而纳入政府税收体系的重要依据。

在缺乏国际统一标准的情况下,碳标签在国际贸易间的应用与推广比较困难,各国应从国内政策入手,首先建立基于各国国情的核算标准与碳税制度,在此基础之上开展国际标准交流与合作,积极参与各项减排试点工作。

低碳试点工作必须在保证行业健康持续发展的基础上逐步推行,碳标签对行业的影响可以概括为直接提高交易成本或损害商品价值量两种方式,因此在我国试点碳标签初期,基于行业企业特征的选择对提高试点积极性和效果非常重要。

目前学界对于碳标签产品清单的选择标准有如下四条:清单产品可以产生相对较大的减排效果;清单产品必须能够核算其信息收集成本;清单产品能够对其全生命周期中的每个独立步骤进行审核(生产、运输、储存、销售和处理);清单产品对消费者购买行为(产品替代弹性)的影响比较明确。

对碳标签试点产品的清单分类主要有以下几个方向:基于产品投入要素划分,基于产品行业特征划分,基于产品贸易特征划分,基于产品工序复杂程度划分,根据不同特点行业在试行低碳标准标识过程中的潜在问题概括分析见表5-7。

表5-7 低碳标准标识对不同行业类型的可能影响

划分标准	分类	代表性行业	试点难度	行业影响
产品投入要素分类	资源/能源密集型	钢铁、煤炭、农产品	信息收集和评估相对简单	对能源密集型行业冲击较大
	劳动力密集型	服装纺织、陶瓷	工序较复杂,但市场接受度高	由于产品本身价值较小,且排放/原材料可控,对行业整体影响不大
	资本技术密集型	电子通信、生科	零部件与能效的审核相对简单	国内相关行业市场竞争力有限,附加成本带来的冲击存在不确定性
产品贸易特征	出口导向产品	农林产品、服装纺织、机电装备等	信息收集相对简单,标准可比性强	增加产品成本;避免潜在的贸易纠纷风险
	进口导向产品	汽车、成品油、基础先进材料等	部分产品工序较多标准比较复杂	不同行业受到的冲击幅度差距较大,不确定性较高

划分标准	分类	代表性行业	试点难度	行业影响
产品价值量与工序	低价值量产品/简单工序	服装纺织、简单制成品（电话机等）	应对标准标识要求所造成的基于商品价值量的边际增加值较少，额外负担相对较轻	部分薄利行业或中小型企业自身可能难以完成全部标准标识要求，需要政府或独立第三方予以协助
	高价质量产品/复杂工序	机电产品、先进技术设备、汽车飞机等交通工具设备	工序相对复杂，逐步明确审核难度较大	针对各环节标准的审核可能带来较高的时间成本和商品价值量损耗，影响企业和部门竞争力

资料来源：NCSC，2013。

虽然发达国家与发展中国家之间关于标签标准尚未达成统一认识，根据目前发达国家实行生态标签（Eco-labelling）试点及推广效果，仍可以为我国选择初期试点行业提供借鉴（见本章附表5-2）。

因此，从我国产业结构与进出口贸易发展现状出发，以不损害行业竞争力和企业积极性为前提，以降低试点成本、提高试点成效为目标，本书认为国内低碳标准标识的试点工作应从以下方面逐步展开：

出于经济可行性角度，由于标准标识主要影响单位产品边际成本，因此应选择产品单位价值量较少、市场需求较高的劳动力密集型或简单制成品行业进行试点。出于产业竞争力角度，由于标准标识对不同国家影响差异巨大，因此试点应集中于国内外标准易于统一的进口产品或我国具有技术/绝对市场优势的出口产品。出于技术可行性角度，由于标准难度与工序复杂程度具有正相关关系，因此试点应首先从工序简单明确、核算标准统一的行业入手。

根据不同时期国家产业发展规划考虑，在试点的不同阶段，行业企业的选取应该进行微调，政府和独立第三方在降低企业试点成本、提高企业积极性方面起到决定性作用。

第五节　碳标签影响的一般均衡模型分析

一、碳标签情景设计

(一)碳标签模拟的文献综述

本节利用全球多区域 CGE 模型对碳标签的经济影响进行模拟研究,目前碳标签的 CGE 研究鲜有学者涉足,主要因为技术上,碳标签作为非传统经济学工具,其经济影响如何在 CGE 中进行量化表达的问题缺乏调研数据而无法解决。有学者支持将非关税贸易壁垒转化为从价税,认为技术壁垒的主要影响是增加交易成本从而提高贸易品价格(Andriamananjara 等[1];Harrison 等[2])。该方法的优点在于建模方法简单,但是弱化了非关税壁垒的政策特性,且等量关税水平的设定需要有大量实证研究的支持,或者利用引力模型等来进行估计。改进的研究方法认为出口到特定地区的商品如果面临非关税壁垒,则可以视为其出口至该地区的运输成本会增加[3],该方法的优点在于可以有针对性的进行双边或多边非关税壁垒建模。相似的处理方法是,将碳标签转化为效率损失,认为技术壁垒影响商品交易的效率(通常为小量)。Francois 总结了两种方法并认为直接的交易成本可模拟为进口税,而间接的交易成本可模拟为纯粹效率损失。在需求侧的模拟方面,居民对于某地区含碳标签商品的需求倾向可以通过部门间、区域间的 Armington 商品需求弹性进行模拟。

(二)碳标签基准情景设置

基于上述文献总结,本书认为碳标签的经济影响主要包括三个方面:一是由

---

① Andriamananjara,S.,J. M. Dean,R. Feinberg,M. Ferrantino,R. Ludema,M. Tsigas,"The Effects of Non-Tariff Measures on Prices,Trade,and Welfare:CGE Implementation of Policy-Based Price Comparisons",USITC Economics Working Paper,2004,4(A).

② Harrison,G.W.,Tarr,D.,Rutherford,T.F.,"Product Standards,Imperfect Competition,and the Completion of the Market in the European Union",World Bank Policy Research Working Paper,1994,1293.

③ Baldwin RE and Forsild R.,"Trade Liberalization with Heterogeneous Firms",NBER Working Paper,2006:12192.

于增加标准标识的申请、审核与贴标程序而导致的产品流通时间增加、生产成本提高;二是经过标准化后的进出口商品在国际贸易流通中的海关检验速度加快;三是进口国家消费者对具有碳标签的产品的购买倾向趋于增加①。碳标签作为一种标准标识,其本身并不具有直接影响实体部门节能减排的功能,而是通过消费者选择的效应,间接转到至生产环节的,因此,模型中无需专门设置相应的温室气体减排效果。

　　针对上述三个方面的影响,本书对碳标签政策情景(S5)的模拟设置如下:通过贸易成本效率系数下降 5%,模拟标准申请审核时间延长导致的商品价值流失;通过运输贸易效率提高 2.5%模拟碳标签带来的交易成本降低;通过进口产品替代弹性提高 0.5%模拟贸易品标准化后进口产品与本国同质产品的替代性增加,从三个方面、正反两种效果同时模拟碳标签政策的实施可能引起的直接经济成本调整。实施部门方面,考虑全行业、高耗能行业以及终端消费品行业三种碳标签:全行业碳标签情景中(S5)不对碳标签的实施行业进行区分,即 2014 年开始碳标签政策在全部行业中实行,中国所有出口到发达国家的产品均受到此政策的影响,高耗能行业碳标签情景中(S6)涉及部门包括能源、钢铁、机械、交通运输和化工等,终端消费品行业碳标签情景(S7)涉及部门包括纺织、服装、电子产品等。

二、碳标签对我国宏观经济与人民币实际有效汇率的影响

(一)碳标签政策对 GDP 的影响

　　与碳关税政策分析的结构一致,首先给出碳标签对我国宏观经济的影响,作为分析相对价格水平和实际有效汇率变化的基础。如图 5-2 所示,全行业碳标签政策(S5)对我国经济的积极贡献大于负面影响。在经过 2014 年各行业应对碳标签标准进行调整后,自 2015 年开始,GDP 增长速度明显加快,且随着碳标签的行业普及率的提高而不断上升。GDP 变化率为正,说明在碳标签的多重

---

① 黄晓凤、朱信贵:《气候环境壁垒对中国出口贸易的影响及应对策略》,《湖南大学学报(社会科学版)》2013 年第 27 期。

影响中,通过标准化生产减少贸易成本、提高出口产品竞争力的方式带来的GDP 积极影响在将成为中长期内碳标签的主要经济影响。然而,现实中碳标签的作用效果可能更加复杂,主要原因有两点:一是在碳标签实施初期(如 2014年),国内产业由于标准的临时调整和转型,其部门产出和对外贸易量的快速增长的开始时间可能远远慢于模型模拟的结果。二是由于目前模拟的是发达国家对中国出口产品的碳标签政策,因此其短期负面效果(增加贸易成本)是有地区限制的,而正面积极效果(增加出口产品竞争力)则能够通过国际贸易和部门传导得到持续扩大。但是如果更多发展中国家同样实施碳标签政策,则意味着我国进口产品同样对本国产品竞争力增强,且碳标签带来的负面效果也会更加明显。

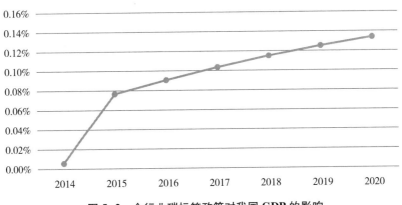

图 5-2 全行业碳标签政策对我国 GDP 的影响

进而讨论在不同行业实行碳标签带来的影响差异,如此比较的主要原因是,目前发达国家与发展中国家就碳标签的实施行业和部门范围尚存争议,以欧盟为代表的发达国家主张并已经开始在终端消费品行业实施低碳标准标识制度,而以巴西、印度和中国为代表的发展中国家则正准备在其国内部分高耗能行业开展低碳标准标识试点。因此,明确不同行业范围碳标签影响的差异对国内政策实施和国际合作具有现实的政策意义。

政策情景模拟结果表明,如果碳标签政策仅在部分行业施行,其 GDP 增长效果均会小于全行业情景,相较而言,终端消费品行业碳标签政策对我国 GDP的积极效果好于高耗能行业碳标签政策。

如图 5-3 所示,政策实施初期,高耗能产业由于投资成本较高、结构调整较慢等原因,受碳标签的负面效果影响更大,且作为国民经济的基础工业,碳标签的负面影响更容易传导到其他行业,因此 2014 年 GDP 一度出现负增长。调整后的高耗能产业碳标签同样能够给 GDP 带来增长动力,但相较于终端消费品行业,主要原因在于高耗能产业在我国出口份额中所占比重有限,且出口对象多为加工业企业而非居民消费者,因此碳标签政策无法充分发挥在终端消费领域的积极作用。

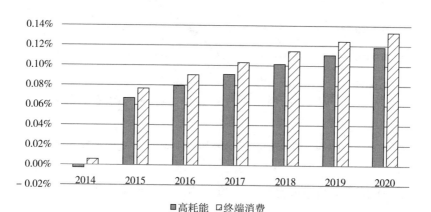

图 5-3 分行业碳标签政策对我国 GDP 的影响

(二)碳标签政策对人民币实际有效汇率的影响

以全行业碳标签政策为例,由于实行碳标签总体而言对我国贸易结构有所改善,具体表现为主要伙伴国的贸易权重均有所增加(见本章附表 5-3),由于更多来自发展中国家的相对低价商品的进入,且与本国商品相比竞争力较强,导致主要发达国家国内价格水平的下降,两方面因素影响之下人民币实际有效汇率的升值压力有所增加(图 5-4)。这说明发达国家企图用碳标签等技术壁垒作为保护国内产业竞争力手段的做法,从长期而言对国内产业竞争力的损害更大,反而使得发展中国家的出口由于商品的标准化程度提高而更具市场竞争力,在主要市场的出口份额均有所提升——而达到这一预期效果的前提是,中国能够迅速应对碳标签政策,从而以最快的速度摆脱碳标签的负面影响。

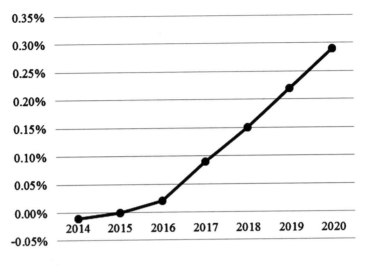

图 5-4　碳标签情景下人民币实际有效汇率的变化率

（三）碳标签影响下实际有效汇率指数 LMDI 分解分析

与碳关税的研究思路相同,进一步通过 LMDI 方法分解人民币实际有效汇率升值的主要原因。分解结果显示,碳标签对我国对外贸易状况有明显的改善作用,贸易结构效应对 REER 升值压力的贡献度逐步提高,造成这一结果的主要原因有三方面:首先,根据上文基准情景下我国进出口贸易的模拟结果,我国仍将保持对外贸易条件的持续改善,因此中国出口产品在国外市场需求弹性的增加所带来的正面效果比贸易成本的负面影响要大得多;其次,发达国家对发展中国家的碳关税政策不会影响发展中国家的相互贸易,反而由于标准化程度的提高与部门结构调整,有利于发展中国家间贸易联系的进一步增强;再次,由于本次情景模拟中各部门针对碳标签政策的内部调整成本仅仅表现为贸易成本的提高,缺乏对调整成本的模拟,因此可以认为国内产业应对碳标签的调整是迅速有效和低成本的,这与现实中我国许多行业缺乏标准化生产结构和调整成本较高的情况不符,因此在分析结果时,本书也一再强调碳标签能够对我国带来经济利益的前提是国内产业结构的迅速适应和快速调整。

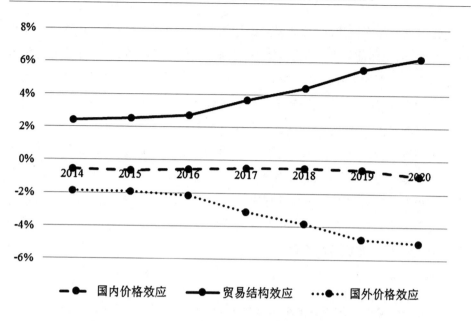

图 5-5 全行业碳标签对实际有效汇率影响的 LMDI 分解结果

	2014 年	2015 年	2016 年	2017 年	2018 年	2019 年	2020 年
国内价格效应	−0.005639	−0.006080	−0.005592	−0.004792	−0.004555	−0.005605	−0.009409
贸易结构效应	0.024285	0.025183	0.027291	0.036780	0.044230	0.055580	0.062180
国外价格效应	−0.018746	−0.019102	−0.021499	−0.031088	−0.038175	−0.047775	−0.049871

此外,碳标签政策对国内实体部门产出价格水平的影响较小,国内价格效应的贡献度小幅升高,说明技术型气候壁垒主要发生的领域仍为出口导向型产业。出口商品对主要伙伴国市场造成较大冲击,国外价格效应的反向作用效果明显,国外实际价格水平在 2016 年后大幅下滑,说明由于发展中国家碳标签产品的进入而使得国内相关商品市场竞争愈发激烈。国内外价格水平的变动同样与国内产业结构调整成本和"金砖国家"间共同获益有关。

三、碳标签对"金砖国家""一篮子"实际有效汇率的影响

虽然碳标签政策具有一定的区域性特征,即它是由发达国家向发展中国家单方向实行的,但是一旦行业和部门的标准化程序和部门生产结构调整完成,其

所有出口的产品无论流向,均会受到碳标签在交易成本、贸易效率和进口替代弹性的影响,因此即使发展中国家内部相互间未实行此类政策,但碳标签的间接影响依然存在。而如果碳标签政策能够对国家集团(如"金砖国家")的共同利益起到保护作用,那么首先在该政策领域达成发达国家与发展中国家的合作,则能够有效缓解气候变化谈判压力,促进各国共同发展。

本书进一步计算了以"金砖国家"货币篮子和发达国家货币篮子为基础的人民币实际有效汇率指数,结果显示碳标签政策下人民币相对于"金砖国家"和发达国家的实际有效汇率均有所升值,其中人民币的"金砖国家"REER 指数的升值压力大于发达国家水平,主要原因是发达国家实际价格水平的下降以及"金砖国家"相互间贸易联系的增强。这一结论说明碳标签影响下的人民币对外价值和竞争力在广泛意义和相对意义上都得到了增强。

表 5-8 碳标签下"金砖国家"和发达国家货币篮子人民币 REER 指数变化率

人民币实际有效汇率	2014 年	2015 年	2016 年	2017 年	2018 年	2019 年	2020 年
"金砖国家"REER	0.021%	0.030%	0.047%	0.064%	0.077%	0.089%	0.101%
人民币实际有效汇率	2014 年	2015 年	2016 年	2017 年	2018 年	2019 年	2020 年
发达国家 REER	0.006%	0.011%	0.017%	0.022%	0.029%	0.036%	0.044%

"金砖国家"的相对得益主要由于其内部政策的一致性(相互不实行碳标签政策)以及碳标签的正外部性,进一步分析碳标签下金砖国家的贸易增速以及GDP 增长率不难发现(表 5-9),碳标签对"金砖国家"的影响是普遍的,各国在实行碳标签政策后,经过短期调整,GDP 均开始增长,且从长期而言贸易的总额增长幅度更大,因此推行碳标签有着更加稳固的各国共同利益基础。

综合上述观点,本书认为,推行碳标签政策不仅能够提高人民币的全球竞争力,而且在"金砖国家"内部的相对综合价值也会得到提升,且不会损害其他同盟国家的共同利益,因此从中长期而言,无论是从本国动因还是从国家联盟角度,碳标签都有着良好的经济效果。

表 5-9 碳标签下"金砖国家"贸易总额与 GDP 变化率

		2014 年	2015 年	2016 年	2017 年	2018 年	2019 年	2020 年
GDP 变化率	巴西	0.009%	0.014%	0.023%	0.028%	0.031%	0.037%	0.042%
	印度	0.000%	0.034%	0.036%	0.037%	0.039%	0.040%	0.041%
	俄罗斯	0.000%	0.069%	0.070%	0.070%	0.071%	0.071%	0.072%
	南非	0.003%	0.020%	0.012%	0.005%	-0.003%	-0.010%	-0.017%
		2014 年	2015 年	2016 年	2017 年	2018 年	2019 年	2020 年
贸易总额 变化率	巴西	0.093%	0.170%	0.177%	0.183%	0.188%	0.194%	0.200%
	印度	0.151%	0.141%	0.142%	0.147%	0.154%	0.160%	0.166%
	俄罗斯	0.880%	0.987%	1.093%	1.200%	1.307%	1.415%	1.522%
	南非	0.353%	0.327%	0.325%	0.333%	0.346%	0.361%	0.377%

四、碳标签与碳关税的比较

作为气候壁垒最重要和最有可能实现的两种政策选择,碳标签与碳关税在经济影响、温室气体减排和国家间公平增长等方面各有利弊,因此综合比较两种政策的经济与政策风险,并给出我国参与全球经济、贸易政策合作以及应对气候变化谈判的阶段性政策建议,是本书气候壁垒情景模拟的落脚点。

(一)对经济的影响

从气候壁垒对我国的经济影响角度而言,以 GDP 变化率为例(表 5-10),各类气候壁垒政策中,碳标签对 GDP 增长具有正向作用,而碳关税和碳税政策则会使中国 GDP 增长受损,其中国内碳税对 GDP 的负面影响最大。单从影响程度而言,作为技术壁垒间接发挥经济影响的碳标签对经济的影响程度远远小于碳税和碳关税等政策可能带来的冲击,因此本书认为碳标签比碳关税更有利于我国经济的稳定增长。

表 5-10　气候壁垒对中国 GDP 增长率的影响

	2014 年	2015 年	2016 年	2017 年	2018 年	2019 年	2020 年
S1	-0.59%	-0.58%	-0.57%	-0.57%	-0.58%	-0.59%	-0.59%
S2	-3.63%	-3.80%	-3.95%	-4.09%	-4.22%	-4.33%	-4.43%
S3	-11.46%	-12.04%	-12.50%	-12.86%	-13.17%	-13.45%	-13.70%
S4	-3.60%	-3.78%	-3.93%	-4.07%	-4.20%	-4.32%	-4.42%
S5	0.01%	0.08%	0.09%	0.10%	0.11%	0.13%	0.13%

　　从气候壁垒对其他国家的经济影响角度而言,相对于碳标签政策,碳关税对世界主要经济体的影响是不平衡的,以 2020 年政策效果为例(表 5-11),虽然各类政策对"金砖国家"的影响方向基本一致,但是碳关税对 GDP 变化程度的影响远大于碳标签政策,特别是俄罗斯,无论实行何种碳关税政策组合,其 GDP 损失程度均远远超过其他"金砖四国"的损失总和——俄罗斯承担了"金砖国家"政策一致性的经济损失,因此就俄罗斯而言,进行政策调整和脱离金砖利益集团的诉求更大。这也成为 2013 年多哈回合谈判中,俄罗斯坚决退出《京都议定书》第二阶段承诺期背后的国家经济利益驱动因素,"金砖国家"也逐渐由于在气候壁垒政策上的分歧而转变为"基础四国"。相较而言,碳标签由于不直接作用于各国经济利益,对 GDP 的影响较小且具有相对平衡的国家间利益分配,因而更有可能成为各国气候合作的桥梁,即最有可能实施的气候壁垒形式。

表 5-11　不同政策对金砖国家 2020 年 GDP 变化率的影响

	S1	S2	S3	S4	S5
中国	-0.59%	-4.43%	-13.70%	-4.42%	0.13%
巴西	-0.08%	-0.56%	-1.47%	-0.49%	0.01%
印度	-0.10%	-1.36%	-4.93%	-1.42%	0.04%
俄罗斯	-7.78%	-9.12%	-13.53%	-9.36%	0.07%
南非	-0.32%	-2.10%	-7.10%	-2.00%	-0.02%

(二)对实际有效汇率的影响

　　有关人民币实际有效汇率的具体分析已分别在碳关税和碳标签情境中展

开,在此直接给出五种政策情景下人民币实际有效汇率的变化情况。

表 5-12　不同政策情景的人民币实际有效汇率变化情况

		2014 年	2015 年	2016 年	2017 年	2018 年	2019 年	2020 年
全球 REER	S1	-2.24%	-2.31%	-2.45%	-2.58%	-2.70%	-2.81%	-2.92%
	S2	-19.19%	-19.56%	-19.78%	-20.09%	-20.43%	-20.73%	-20.95%
	S3	-47.12%	-48.51%	-49.41%	-50.07%	-50.60%	-51.03%	-51.34%
	S4	-18.96%	-19.36%	-19.62%	-19.96%	-20.33%	-20.65%	-20.90%
	S5	-0.01%	0.02%	0.03%	0.05%	0.07%	0.08%	0.10%
金砖 REER	S1	0.04%	0.10%	0.12%	0.12%	0.12%	0.13%	0.14%
	S2	-1.49%	-1.48%	-1.49%	-1.54%	-1.58%	-1.60%	-1.61%
	S3	-4.26%	-4.34%	-4.46%	-4.59%	-4.70%	-4.76%	-4.80%
	S4	-1.45%	-1.43%	-1.45%	-1.49%	-1.52%	-1.54%	-1.55%
	S5	0.05%	0.06%	0.06%	0.06%	0.09%	0.10%	0.11%

在对全球“一篮子”货币人民币实际有效汇率的影响方面,碳标签是短期内唯一可能带来人民币全球范围升值压力的气候壁垒。而在碳标签情景下,如果国内产业调整速度较慢或应对措施不足,则会导致短期内人民币实际有效汇率的贬值。因此,在全球范围内,碳标签对人民币的升值压力相对较大,其影响程度取决于实践过程中产业调整程度,而碳关税政策组合有导致人民币币值大幅波动的风险。

就以“金砖国家”“一篮子”货币计算的人民币实际有效汇率而言,碳标签对“金砖国家”REER 的升值压力超过全球 REER 水平,说明实行碳标签政策能够提高人民币在“金砖国家”内部的综合价值。单一的碳关税政策和碳标签政策对“金砖国家”REER 指数的升值压力相近,说明实行两类政策对人民币在“金砖国家”范围内的综合价值水平影响差别不大——因此,影响两类气候壁垒政策能否实施和持续的关键是对全球 REER 升值压力的影响以及政策利益在“金砖国家”内部的分配。

（三）潜在风险（经济风险、政治风险）

综合上述影响的比较,可初步得到我国实行两类气候壁垒的潜在风险。

经济风险方面,碳关税政策的经济风险大于碳标签政策,主要体现在以下几个方面:首先,碳关税政策组合对我国 GDP 的影响程度远大于碳标签,更容易引起经济的剧烈波动。其次,碳关税政策组合效果的关键在于国内碳税和碳关税水平的合理分配与设计,一旦碳税水平过高,对国内产业的冲击是巨大的,且短期难以恢复。再次,碳关税对人民币实际有效汇率的影响在不同的伙伴国家内部可能有不同的表现,如单一碳关税使人民币在全球范围内贬值,但却在"金砖国家"内部相对升值。最后,以"金砖国家"内部政策一致为前提的碳关税和碳税政策,会导致各国在 GDP 增长(损失)、国内实际价格水平等方面的巨大利益差别,因此存在"金砖国家"由于利益纷争而调整合作策略的风险。相较而言,碳标签对人民币实际有效汇率造成的影响和冲击较小,呈现小幅升值趋势,因此对于国内产业和企业而言,更容易通过自身生产结构调整缓冲和吸收汇率波动的负面影响,有利于实体经济的稳定发展。

政策风险方面,由于碳关税的合法性问题始终没有得到国际范围内的广泛认可,因此短期内单边强制执行的可能性相对较小,即 WTO 相关规定为发展中国家提供了短期内的碳关税政策避险工具。而碳标签可通过非政府组织等独立第三方主体开展,且在形式上不违反任何国际法条款,因此政策的可操作性更强。碳标签政策目前最大的风险在于,执行碳标签需要对国内产业能耗与排放数据(国家安全)进行公布,以及得到中国与欧美发达国家碳标签实施部门与权威监督机构的一致认可。

基于上述政策风险比较,本书认为,以碳标签作为全球应对气候变化共同行动的突破口,更有利于我国和"金砖国家"的持续发展和稳定合作,而在国外压力较大时,适当的国内减排措施能够有效缓冲碳关税带来的负面经济影响。无论是在国际贸易还是气候变化谈判中,中国都应该争取与金砖国家等新兴发展中国家在行动和政策方面的一致与合作。

附　录

附表 5-1　主要发达国家产品碳标签制度的发展历程

国别	时间	碳标签举措	负责机构	实施对象	计算方法	碳标签种类	约束力
英国	2007.3	碳减量标签	Carbon Trust	B2B、B2C 的所有产品,涵盖食品、服装、日用品等。	PAS 2050	碳分数和低碳批准类相结合	自愿型
日本	2009.4	碳足迹产品体系	日本政府	食品、饮料等数十种产品。	《碳足迹系统指南》	碳分数类	自愿型
	2011.4	农产品碳标签	农林水产省	农产品。			
德国	2008.11	蓝天使气候标志	多部门联合审批	28 项日用品。	ISO14040/ 44; PAS 2050	低碳批准类	自愿型
韩国	2009.2	CO_2 Low Label;强制减碳产品认证	Korean Eco Product Institute	耗能产品:不含制造阶段的生命周期;非能耗产品:不含使用阶段的生命周期。	ISO 14040/64/25; PAS 2050;韩国第三类环境声明标准; GHG 议定书;LCA	低碳批准类;碳分数类	自愿与强制相结合
美国	2009	气候意识标签	Climate Conservancy	无特定产品。	基于 LCA 法	碳等级类	自愿型
	2009	食品碳标签	Carbon LabelCalifornia	食品。	环境输入—输出生命周期分析与 LCA 法的折中方法	低碳批准;碳分数;碳等级	
	2007	Carbon Free 碳标签	Carbon fund	服装、糖果、灌装饮料、电烤箱、组合地板等。	Carbonfund 基于 LCA 自行推出的碳足迹协议	碳中和类	
法国	2010.7	强制企业披露碳信息	政府部门	所有产品。	基于 PAS2050	碳分数类	强制型
	2008.6	Group Casino Indice Carbon 碳标签	Group Casino	所有 Casino 自售产品。	Casino 提供的免费碳足迹计算工具	碳分数类	自愿型
瑞典	2008	碳标签制度	瑞典农民协会、食品标签组织	食品,如水果、蔬菜、乳制品等。	基于运输阶段的 LCA 法	碳分数类	自愿型

续表

国别	时间	碳标签举措	负责机构	实施对象	计算方法	碳标签种类	约束力
瑞士	2008	Climatop 碳标签	Okozentrum Langenbruck；myclimate	B2C 产品和服务：包括环保购物袋、有机原料蔗糖、奶油、洗衣液、洗衣粉、卫生纸、洗碗巾、电池等。	基于产品及服务的 LCA 法	低碳批准类	自愿型

资料来源：国家应对气候变化战略研究与国际合作中心，2013；裴晓东，2011；田晓飞，2010。

附表 5-2　发达国家碳标签试点行业及效果

试点行业	代表标签	涉及行业企业	试点效果
食品	USDA ORGANIC	35000 多个产品和公司等到认证	有机食品零售额 10 年间增长 170 亿美元；年减排量达 3.18 吨/英亩土地
农业农产	Rainforest Alliance Certification	23939 个农场得到认证，马氏、沃尔玛等大型企业已接受此项认证	相关企业十年间收入提高 27%，成本降低 12%；在减少水、土壤污染、保护野生动物和废弃物处理方面成效显著
电子产品	Energy Star	1400 多家制造商使用该标志，涉及 50 多种产品分类中的 28000 多项产品；特别是在美国办公设备领域，已完成 100%标准标识覆盖	认证产品在美国销售量超过 10 亿，累计温室气体减排超过 2.2 亿吨
	EPEAT	截至 2007 年，来自 19 个制造厂商的 532 种产品注册该标识并公示于 EPA 网站，且在 2010 年与 Energy Star 实现一致性互认互信	通过能效提高可节约 83.9 亿千瓦时电量，减少 15.7 万吨温室气体排放
日用品	BDIH	已包含欧盟超过 500 家企业的 2000 多种产品；区域分割比较严重，无主导型标准标识	强调对原材料质量的保证和人体健康关怀，环境测评较少
纺织服装	Oeko-Tex Standard	截至 2005 年已有 53000 家企业接受此项标准	包含 100 多项检测，旨在限制化工产品的使用，建立起可比、透明的全球标准
	FAIR TRADE / GOTS	超过 2000 家企业开始使用或试点相关标准标识	作为目前最成功的一个试点行业，关键在于不同标准标识间的一致性、可比性非常规范

资料来源：Golden，2010；NCSC，2013。

附表5-3　碳标签情景下伙伴国在人民币 **REER** 中的贸易权重变化情况

w_t/w_0	2014 年	2015 年	2016 年	2017 年	2018 年	2019 年	2020 年
美国	−11.28%	−3.76%	3.64%	5.46%	5.44%	5.42%	7.57%
欧盟	−15.99%	−0.96%	20.60%	22.47%	23.10%	24.18%	25.30%
巴西	46.53%	55.43%	64.29%	82.17%	90.94%	99.70%	110.12%
印度	39.75%	39.01%	57.27%	63.94%	66.86%	88.02%	112.52%
俄罗斯	57.47%	63.87%	70.37%	73.71%	100.70%	114.71%	125.73%
南非	0.63%	0.73%	0.72%	0.72%	0.71%	0.71%	0.71%
日韩	2.90%	4.93%	5.61%	6.30%	9.73%	16.61%	19.42%

第六章　结　论

第一节　研究结论与政策建议

本书从均衡汇率理论和人民币实际有效汇率研究的角度出发,在系统回顾了有关均衡汇率理论和研究方法的发展脉络后,认为从局部均衡到一般均衡、从单方程实证研究到方程组一般均衡方法是均衡汇率研究的发展趋势,而贸易壁垒是影响均衡汇率的重要原因。为了能够解决传统一般均衡方法在前提假设(如"小国经济")、模型结构(如一个生产者两国三部门)以及应用范围(如多数一般均衡方法无法对贸易壁垒等政策进行模拟)上的局限性,同时建立起气候壁垒这一新兴贸易壁垒对人民币实际有效汇率影响的传导机制,本书提出通过建立全球多区域可计算一般均衡模型的方法,并以相对价格水平和贸易国别结构为视角,分别从基准情景下人民币实际有效汇率走势、不同谈判阶段气候壁垒对人民币汇率的影响、气候壁垒的基本面影响因素和传导机制、部门产出价格分解、不同利益集团损益对比和政策风险分析的角度展开对该问题的系统性研究。本书的主要研究结论包括:

第一,多区域一般均衡模型基准情景分析结果表明,2008—2012年人民币实际有效汇率被高估,人民币具有一定的贬值压力。特别是在2009年,人民币汇率失调程度明显加重,这恰巧与美国"次贷危机"的全球蔓延以及中国4万亿元投资政策实施的时间一致。我国对外贸易条件的持续改善、与主要经济体贸易往来更加密切仍是近年来人民币升值的主要原因,而国外相对实际价格水平的下降是人民币贬值的主要压力来源。

第二,四种边境碳税调整政策组合情景结果分析表明,发达国家对我国强制征收碳关税将导致人民币实际有效汇率贬值压力进一步增大,主要的传导机制为对贸易国别结构的抑制作用,对相对价格水平的影响方向主要为国外实际价格的相对提高和国内价格水平的小幅调整。

第三,通过部门产出价格指数分解结果表明,碳关税对我国化工、机械设备制造等行业的产出水平有明显的抑制作用,具体影响程度取决于该部门产出量与价格水平的相对变化幅度。

第四,更进一步的碳关税和碳税政策情景比较说明,在国内提前征收一定的碳税能够有效缓解碳关税对我国经济的冲击,但碳税过重则适得其反,会对经济发展产生更加严重损害,引起更严重的贬值压力。

第五,技术型气候壁垒政策与边境碳税调整政策的效果有明显差异,碳标签会导致人民币实际有效汇率小幅升值,汇率波动的负面效果更容易被国内企业吸收。且终端消费品行业的碳标签比高排放行业的碳标签更加有利于我国贸易条件的直接改善,然而作为技术型气候壁垒,碳标签的重点在于生产流程标准化,因此对经济和温室气体减排的影响程度较小。

第六,从人民币地区竞争力的角度而言,碳关税在一定程度上会引起人民币在全球范围的贬值,但相对于"金砖国家"的人民币实际有效汇率却可能发生升值,说明"金砖国家"内部统一政策能使中国在该地区获得更大经济利益。

第七,两类气候壁垒中,碳关税更有可能带来"金砖国家"内部经济增长利益分配的不平衡加剧,从而引发集团矛盾的经济风险更大。

因此,基于上述理论研究结论,本书认为我国在制定国际贸易争端应对策略和国际应对气候变化谈判主张时,应坚持以下原则:

首先,边境碳税调整措施对我国具有一定负面影响,因此谈判初期的目标是尽可能选取其中影响较小的政策组合。由于全球共同行动框架下,完全单边的被动减排措施存在较高的政治风险和国际贸易摩擦风险,因此建议我国首先在国内试行较低水平的减排措施,如有一定宽松配额分配机制的碳排放权交易市场建设或较低水平的国内碳税——这既能够帮助我国履行作为经济大国和排放大国的国际责任,又能够极大地缓冲国外强制碳关税对我国带来的经济冲击。

而在碳关税势在必行的情况下,应早作国内应对,提前通过国内减排措施积极引导相关产业进行节能减排技术改造与产业转移等结构调整,从而减缓碳关税的负面影响,保证国内经济不至受到过度损失。

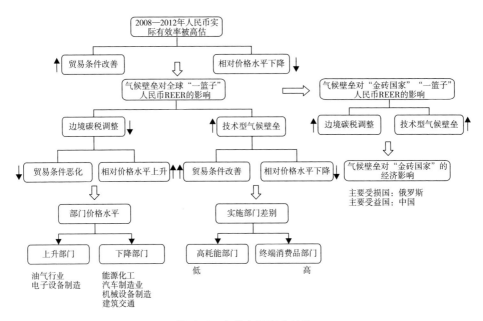

图6-1 本书主要研究结论

其次,在肯定国内碳税的减排效果和缓冲国外碳关税冲击影响效果最优的同时,必须注意的是我国目前尚不具备与发达国家征收相同碳税的经济基础,过重的国内碳税水平对经济的负面影响很大,因此在国内坚持适度原则、在国际谈判中强调历史排放责任是我国应该始终倡导的应对策略。

再次,由于碳关税政策的经济、政治敏感性很强,因此在无法顺利达成一致行动方向之前,实行技术型气候壁垒是对我国政策上可行、经济上有利的首选过渡型气候政策,碳标签对经济贸易和人民币实际有效汇率均有正面(升值)效果,但在减排方面的效果相对较差。然而由于我国的行业标准化程度较低,而影响碳标签积极作用的关键就在于国内部门应对措施的迅速调整,因此充分发挥国内行业协会和非政府组织的作用,尽快普及试点行业低碳标准标识工作,是我国应对技术型气候壁垒的有效方法。

最后,"金砖国家"间的政策一致性是保证我国免受发达国家强制减排措施过度影响的政策前提,因为当我国对欧美贸易条件受损时,可通过贸易调整从新兴经济体中寻求新的经济发展空间。保持"金砖国家"的合作与一致行动是提高我国经济实力的合理选择。而由于碳关税政策可能对"金砖国家"成员造成不一致的损益,因此我国寻求气候壁垒谈判利益集团时,除进一步加强"金砖国家"间联系外,对七十七国集团等其他发展中国家集团的重视程度也应该进一步加强。

综上所述,与"金砖国家"的长期稳定合作对我国经济发展至关重要,而与碳标签政策相比,碳关税可能打破这种集团合作的风险更大。在碳关税政策作为贸易壁垒对人民币造成贬值压力、对我国经济造成负面影响成为必然之势的前提下,我国一方面要积极参与国际气候谈判,倡导以技术型气候壁垒为先导的全球共同行动;另一方面应在国内努力推进适当减排措施作为应对碳关税冲击的缓冲手段,并积极寻求"金砖国家"的长期合作,从而实现节能减排和稳定经济发展的双重目标。

第二节 研究展望

本书在均衡汇率领域中引入了可计算一般均衡模型的研究方法,作为模拟均衡汇率形成机制和气候壁垒影响因素的桥梁,在理论和方法上有一定的进步贡献。然而,由于本人有限的研究时间和精力,且金融学和能源经济学处于交叉学科研究的起步阶段,仍有许多瓶颈有待突破。因此,本书在研究方法方面仍存在可以进一步扩展和发展的空间,主要包括以下几个方面:

首先,模型的动态化和技术进步模块设置有待进一步精确。虽然本书构建的全球多区域动态 CGE 模型在通过资本异质化、资源可耗竭、人口动态预测调整和技术进步等模块实现了基于发展中国家经济特征的动态化结构设置,然而由于目前数据的可得性和模型结构探索性建设的困难性,因此在相关内生、外生动态指标的预测方面,特别是各个生产部门更具国家技术水平特点的描述方面,仍有进一步基于实证和调研精确细化的空间。

其次,部门层面的分析可进一步扩展到商品层面。目前基于 GTAP 数据库的各国部门结构设置为 57 个生产部门,且每个部门仅有一个生产商(商品),因此虽然对传统一般均衡方法有了极大的改进,但对部门商品的描述仍是比较概括的。随着部门商品数据的进一步汇总和模型结构的相应调整,通过 CGE 模型进一步模拟气候政策对针对性商品部门投入产出的影响,将是进一步研究的重要领域。

再次,可建立基于 CGE 模型的全球综合评价模型。作为综合评价模型的核心,CGE 提供了经济增长、终端消费和价格等内生动态化的关键指标。在此基础之上,将 CGE 模型与自下而上的能源经济技术模型、环境评估模型等相结合,进一步建立综合研究经济、金融、气候、环境、能源等多方面相互联系的问题,是本书期待做出的重要基础贡献之一。

参考文献

巴曙松、吴博、朱元倩:《关于实际有效汇率计算方法的比较与评述》,《管理世界》2007 年第 5 期。

卜永祥、Rod Tyers:《中国均衡实际有效汇率:一个总量一般均衡分析》,《经济研究》2001 年第 6 期。

卜永祥、秦宛顺:《关税、货币政策与中国实际均衡汇率》,《经济研究》2002 年第 5 期。

查贵勇:《中国外贸条件和实际汇率关系的实证分析》,《国际贸易问题》2005 年第 8 期。

高小升:《伞形集团国家在后京都气候谈判中的立场评析》,《国际论坛》2010 年第 7 期。

顾阿伦、周玲玲:《碳关税对我国出口贸易的影响及政策建议》,《中国经贸导刊》2012 年第 8 期。

韩青:《中国的价格贸易条件恶化——基于影响因素的经验分析》,《世界经济研究》2007 年第 10 期。

韩智勇、魏一鸣、范英:《我国能源强度与经济结构变化特征研究》,《数理统计与管理》2004 年第 1 期。

胡再勇、李博:《TTIP 对美国、欧盟和中国经济影响的预测研究》,《首都经济贸易大学学报》2015 年第 1 期。

胡宗义、刘亦文:《金融危机背景下贸易壁垒对中国影响的动态 CGE 分析》,《国际贸易问题》2010 年第 8 期。

黄昌利:《人民币实际有效汇率的测算与解析:1990—2007》,《金融理论与实践》2007 年第 7 期。

黄晓凤、朱信贵:《气候环境壁垒对中国出口贸易的影响及应对策略》,《湖南大学学报(社会科学版)》2013年第27期。

姜波克:《均衡汇率理论和政策新框架的新探索》,《东南学术》2007年第2期。

姜波克、李怀定:《均衡汇率理论文献评述》,《当代财经》2006年第2期。

姜波克:《国际金融新编(第三版)》,复旦大学出版社2001年版。

李惊雷:《人民币汇率变动对中国农产品的贸易条件效应的实证分析》,《农业技术经济》2009年第5期。

林伯强:《人民币均衡汇率的估计与实际汇率错位的测算》,《经济研究》2003年第12期。

刘兰翠等:《世界主要国家应对气候变化政策分析与启示》,《中外能源》2009年第9期。

刘莉亚、任若恩:《用均衡汇率模型估计人民币均衡汇率的研究》,《统计研究》2002年第5期。

刘阳:《人民币均衡汇率及汇率动态》,《经济科学》2004年第7期。

卢锋:《我国劳动生产率增长及国际比较(1978—2004)——人民币实际汇率长期走势研究》,北京大学中国经济研究中心,2006年。

沈可挺、李钢:"CGE Model Measures Carbon Duty´s Impact on China´s Exports",*China Economist*,2010,6,pp.32-38。

施建淮、余海丰:《人民币均衡汇率与汇率失调:1991—2004》,《经济研究》2005年第4期。

孙茂辉:《人民币自然均衡实际汇率:1978—2004》,《经济研究》2006年第11期。

孙兆明、张学忠:《贸易条件与人民币汇率关系的再探讨》,《山东大学学报(哲学社会科学版)》2010年第3期。

王维:《相对劳动生产率对人民币实际汇率的影响》,《国际金融研究》2003年第8期。

王维国、黄万阳:《人民币行为均衡汇率模型研究》,《财经科学》2005年第2期。

温丹辉:《不同碳排放计算方法下碳关税对中国经济影响之比较——以欧

盟碳关税为例》,《系统工程》2013 年第 9 期。

许少强、李天栋、姜波克:《均衡汇率与人民币汇率政策的理论研究》,复旦大学出版社 2006 年版。

许士春、习蓉、何正霞:《中国能源消耗碳排放的影响因素分析及政策启示》,《资源科学》2012 年第 1 期。

薛敬孝、张伯伟:《东亚经贸合作安排:基于可计算一般均衡模型的比较研究》,《世界经济》2004 年第 6 期。

杨帆、陈明生、董继华、郭玉江:《人民币升值压力根源探究》,《管理世界》2004 年第 9 期。

姚旦杰:《中国价格贸易条件影响因素的协整分析》,《商场现代化》2008 年第 10 期。

易纲、范敏:《人民币汇率的决定因素及走势分析》,《经济研究》1997 年第 10 期。

张斌:《人民币均衡汇率:简约一般均衡下的单方程模型研究》,《世界经济》2003 年第 11 期。

张迪、魏本勇、方修琦:《基于投入产出分析的 2002 年中国农产品贸易隐含碳排放研究》,《北京师范大学学报(自然科学版)》2010 年第 6 期。

张晗:《泛太平洋伙伴关系协定:回顾与展望》,《经济研究导刊》2012 年第 6 期。

张静、汪寿阳:《人民币均衡汇率与中国外贸》,高等教育出版社 2005 年版。

张强:《TPP 对中国经济影响研究》,《商贸纵横》2015 年第 33 期。

张晓朴:《均衡与失调:1978—1999 人民币汇率合理性评估》,《金融研究》2000 年第 8 期。

张晓朴:《人民币均衡汇率的理论与模型》,《经济研究》1999 年第 12 期。

张晓朴:《人民币均衡汇率研究》,中国金融出版社 2001 年版。

章和杰:《人民币有效汇率指数的构造及权重的确定》,《当代财经》2005 年第 3 期。

赵登峰:《人民币市场均衡汇率与实际均衡汇率研究》,社会科学文献出版社 2005 年版。

Alan V. Deardorff, "Trade Implications of the Trans-Pacific Partnership for

ASEAN and Other Asian Countries", *Asian Development Review*, Vol.31, No.2, 2004.

Andrew Hughes Hallett, Christian Richter, "Estimating an Equilibrium Exchange Rate for the Dollar and Other Key Currencies", *Economic Modelling*, Vol.21, No.7, 2004.

Andriamananjara, S., J. M. Dean, R. Feinberg, M. Ferrantino, R. Ludema, M. Tsigas, "The Effects of Non-Tariff Measures on Prices, Trade, and Welfare: CGE Implementation of Policy-Based Price Comparisons", USITC Economics Working Paper, 2004.

Baldwin, R. E., Forsild, R., "Trade Liberalization with Heterogeneous Firms", NBER Working Paper, 2006.

Baldwin, R. E., "Regulatory Protectionism, Developing Nations and a Two-Tier World Trading System", in Collins, S., Rodrik, D. (eds.), *Brookings Trade Forum*, Washington, DC: Brookings Institution, Republished in Maskus, K., Wilson, J. S. (eds.), *Quantifying the Impact of Technical Barriers to Trade: Can It be Done?* Ann Harbor, Michigan, Michigan University Press, 2000.

Bayoumi, Tamim, Peter Clark, Steve Symansky, Mark Taylor, "The Robustness of Equilibrium Exchange Rate Calculations to Alternative Assumptions and Methodologies", Institute for International Economics, 1994.

Benoıt Bosquet, "Environmental Tax Reform: Does it Work? A Survey of the Empirical Evidence", *Ecological Economics*, 2000, 34.

Bergin, Paul, Reuven Glick, Alan M. Taylor, "Productivity, Tradability, and the Long-Run Price Puzzle", NBER Working Paper, 2004.

BP Global, *BP Statistical Review of World Energy*, 2013, 2016.

Brock R. Williams, "Trans-Pacific Partnership (TPP) Countries: Comparative Trade and Economic Analysis", CRS Report for Congress, 2013.

Brodsky, D., "Arithmetic versus Geometric Effective Exchange Rates?" *Weltwirtschaftliches Archiv*, Vol.118, 1982.

Carbon Trust, "Product Carbon Foot Printing: the New Business Opportunity—Experience from Leading Companies", 2008.

Carolyn Fischer, "The Global Effects of Subglobal Climate Policies", Energy

Policy Symposium: Distributional Aspects of Energy and Climate Policy, 2010.

Christoph Böhringer, Carolyn Fischer, Knut Einar Rosendahl, "Cost-Effective U-nilateral Climate Policy Design: Size Matters", Statistics Norway: Research Department, 2011.

Christoph Böhringer, "Cooling Down Hot Air: A Global CGE Analysis of Post-Kyoto Carbon Abatement Strategies", Center for European Economic Research Working Paper, 1999.

Clark, P. B., R. MacDonald, "Exchange Rates and Economic Fundamentals: A Methodological Comparison of BEERs and FEERs", IMF Working Paper, 1998.

Clark, P. B., L. Bartolini, T. Bayoumi, S. Symansky (eds.), "Exchange Rates and Econometric Fundamentals: A Framework for Analysis", IMF Occasional Paper, 1994.

Dervis, K., J. de Melo, S. Robinson, *General Equilibrium Models for Development Policy*, Cambridge University Press, 1982.

Detken, C., Dieppe, A., Henry, J., Marin, C., Smets, F., "Model Uncertainties and the Equilibrium Value of the Real Effective Euro Exchange Rate", European Central Bank Working Paper, Vol.34, 2002.

Divisia, F., "L'indice monétaire et la théorie de la monnaie", *Revue d'Economie Politique*, Vol.39, 1925.

Dixon, Peter, Brian Parmenter, Alan Powell, Peter Wilcoxen, *Notes and Problems in Applied General Equilibrium Economics*, North Holland, Vol.32, 1992.

Dixon, Peter, Brian Parmenter, John Sutton, Dave Vincent, *Orani: A Multisectoral Model of the Australian Economy*, 1982.

Edwards, S., "Real Exchange Rate in the Developing Countries: Concept and Measurement", National Bureau of Economic Research Working Paper, 1989.

Elbadawi, I., "Estimating Long-run Equilibrium Real Exchange Rates", Institute for International Economics, 1994.

Eshan U. Choudhm, Moshin S. Khan, "Real Exchange Rate in Developing Countries: Are Balassa-Samuelson Effects Present", IMF Working Paper, 2005.

Frankel, Jeffery, "On the Renminbi: The Choice Between Adjustment under a

Fixed Exchange Rate and Adjustment under a Flexible Rate", Harvard University Working Paper, 2004.

Gasiorek, M., Smith, A., Venables, A. J., "Trade and Welfare—A General Equilibrium Model", in L. A. Winters (ed.), *Trade Flows and Trade Policy after "1992"*, Cambridge, UK: Cambridge University Press, 1992

Harrison, G. W., Tarr, D., Rutherford, T. F., "Product Standards, Imperfect Competition, and the Completion of the Market in the European Union", World Bank Policy Research Working Paper, 1994.

Hertel, T., "Taking Impact Abroad: the Global Trade Analysis Project", Amsterdam: IFAC Meetings on Computational Methods in Economics and Finance, 1994.

Huiming Zhang, Lianshui Li, Jie Cao, Mengnan Zhao, Qing Wu, "Comparison of Renewable Energy Policy Evolution among the BRICs", *Renewable and Sustainable Energy Reviews*, Vol.15, 2011.

Imed Drine, Christophe Rault, "Does the Balassa-Samuelson Hypothesis Hold for Asian Countries? An Empirical Analysis Using Panel Data Cointegration Tests", Vol.4, 2003.

J. Andrew Hoerner, Frank Muller, "Carbon Taxes for Climate Protection in a Competitive World", A Paper Prepared for the Swiss Federal Office for Foreign Economic Affairs, 1997.

Jay S. Golden, "An Overview of Ecolabels and Sustainability Certifications in the Global Marketplace", Corporate Sustainability Initiative, 2010.

Jill E. Hobbs, William A. Kerr, "Consumer Information, Labelling and International Trade in Agri-Food Products", *Food Policy*, Vol.31, 2006, 31.

John Baffes, Ibrahim A. Elbadawi, Stefen O'Connell, "Single Equation Estimation of the Equilibrium Real Exchange Rate", World Bank, 1997.

Kai Lessmann, Robert Marschinski, Ottmar Edenhofer, "The Effects of Tariffs on Coalition Formation in a Dynamic Global Warming Game", *Economic Modelling*, 26(3), 2009.

Koku, P. S., A. Akhigbe, T. M. Springer, "The Financial Impact of Boycotts and Threats of Boycott", *Journal of Business Research*, Vol.40, No.1, 1997.

Lashonda McLeod, Xavier Audran, "Proposed Carbon Footprint Labeling Could Step on Trade", Global Agricultural Information Network, 2010.

Lenzen, M., Murray, J., Sack, F., Wiedmann, T., "Shared Producer and Consumer Responsibility—Theory and Practice", *Ecological Economics*, Vol.61, No.1, 2007.

Leontief, Wassily W., "Quantitative Input and Output Relations in the Economic System of the United States", in *The Structure of American Economy, 1919–1939*, White Plains, NY: International Arts and Sciences Press, 1951.

Leontief, Wassily W., *The Structure of American Economy, 1919–1939: An Empirical Application of Equilibrium Analysis*, Oxford University Press, 1941.

Libo Wu, "Dynamics of Energy-Related CO_2 Emissions in China during 1980–2002: The Relative Importance of Energy-Supply Side and Demand-Side Effects", *Energy Policy*, 34(18), 2006.

Liu, X.Q., Ang, B.W., Ong, H.L., "The Application of the Divisia Index of the Decomposition of Changes in Industrial Energy Consumption", *Energy Journal*, Vol.13, No.4, 1992.

MacDonald, R., Swagel, P., "Real Exchange Rates and the Business Cycle", IMF Working Paper forthcoming, 2000.

Ma-Lin Songa, Lin-Ling Zhang, Wei Liu, Ron Fisher, "Bootstrap-DEA analysis of BRICS' Energy Efficiency Based on Small Sample Data", *Applied Energy*, Vol. 112, 2013.

Mario Larch, Joschka Wanner, "Carbon Tariffs: An Analysis of the Trade, Welfare and Emission Effects", CESifo: Working Paper, 2014.

Markusen, J., "Cooperative Control of International Pollution and Common Property Resources", *Quarterly Journal of Economics*, Vol.89, 1975.

Meng Li, Liang Yang, "Rigid Wage-Setting and the Effect of a Supply Shock, Fiscal and Monetary Policies on Chinese Economy by a CGE Analysis", *Economic Modelling*, Vol.29, 2012.

Michael Hoel, "Should a Carbon Tax be Differentiated across Sectors", *Journal of Public Economics*, Vol.59, 1996.

Michael Hubler, "Carbon Tariffs on Chinese Exports: Emissions Reduction, Threat, or Farce?" *Energy Policy*, Vol.50, 2012.

Mihaela Papa, Nancy W. Gleason, "Major Emerging Powers in Sustainable Development Diplomacy: Assessing their Leadership Potential", *Global Environmental Change*, Vol.22, 2012.

Mischal Rubaszek, "A Model of Balance of Payments Equilibrium Exchange Rate: Application to the Zloty", *Eastern European Economics*, Vol.42, No.3, 2004.

Mustafa H. Babiker, "Climate Change Policy, Market Structure and Carbon Leakage", *Journal of International Economics*, Vol.65, 2005.

Nayyar, D., *China, India, Brazil and South Africa in the World Economy: Engines of Growth*, Oxford University Press, 2010.

Newell, R.G., A.B.Jaffe, R.N.Stavins, "The Induced Innovation Hypothesis and Energy-Saving Technological Change", *The Quarterly Journal of Economics*, Vol.114, 1999.

Nitin lal Bhardwaj, "Consumer Buying Behaviour Toward Carbon Labelling (FMCG) In Tesco Supermarket", *International Journal of Data & Network Security*, October, 2012.

Nurkse, R., "Conditions of International Monetary Equilibrium", in *International Finance*, No.4, Princeton University, Reprinted in *A.E.A.Readings in the Theory of International Trade*, London, Allen and Unwin, 1950.

Peter A. Petri, Michael G. Plummer, Fan Zhai, "The Trans-Pacific Partnership and Asia-Pacific Integration: A Quantitative Assessment", East-West Center Working Papers, No.119, October, 2011.

Peter B. Dixon, "Johansen's Contribution to CGE Modelling", Centre of Policy Studies Monash University: General Paper, 2010.

Piet Sercu, Raman Uppal, "Exchange Rate Volatility and International Trade: A General-Equilibrium Analysis", *European Economic Review*, Vol.47, 2003.

Pruitt, S. W., M. Friedman, "Determining the Effectiveness of Consumer Boycotts: A Stock Price Analysis of Their Impact on Corporate Targets", *Journal of Consumer Policy*, Vol.9, No.4, 1986.

R.Ismer,K.Neuhoff,"Border Tax Adjustments: A Feasible Way to Address Non-participation in Emission Trading",Working Papers in Economics CWPE 0409,2004.

Ruoen Ren, Kai Chen, "An Expenditure-Based Bilateral Comparison of Gross Domestic Product between China and the United States", *Review of Income and Wealth*, Vol.40, No.4, 1994.

Rodrigues,J., Domingos,T., Giljum,S., Schneider,F., "Designing an Indicator of Environmental Responsibility", *Ecological Economics*, Vol.59, 2006.

Rogoff Kenneth, "The Purchasing Power Puzzle", *Journal of Economic Literature*, Vol.34, No.2, 1996.

Rutherford, Thomas F., "Extension of GAMS for Complementary Problems Arising in applied Economic Analysis", *Journal of Economic Dynamics and Control*, Vol.19, 1995.

Saunders,H., "The Khazzoom-Brookes Postulate and Neoclassical Growth", *The Energy Journal*, 1992.

Shane Baddeley, Peter Cheng, Robert Wolfe, "Trade Policy Implications of Carbon Labels on Food", *The Estey Centre Journal of International Law and Trade Policy*, 2012.

Shantayanan Devaragan, Jeffrey C.Lewis, "Policy Lessons from Trade-Focused Two-Sector Models", *Journal of Policy Modeling*, Vol.4, No.1, 1990.

Shantayanan Devarajan,Sherman Robinson, "The Influence of Computable General Equilibrium Models on Policy", International Food Policy Research Institute, TMD Discussion Paper, 2010.

Staelin,C.P., "A General Equilibrium Model of Tariffs in a Non-Competitive Economy", *Journal of International Economics*, 6(1), 2006.

Stein,J.L., "The Natural Real Exchange Rate of the US Dollar and Determinants of Capital Flows", Institute for International Economics, 1994.

Swan, "Longer Run Problems of the Balance of Payments", Melbourne : Paper presented to Section G of the Congress of the Australian and New Zealand Association for the Advancement of Science, 1963.

Thomas A.Barthold, "Issues in the Design of Environmental Excise Taxes",

Journal of Economic Perspectives, Vol.8, No.1, 1991.

Vangelis Vitalis, "Private Voluntary Eco-labels: Trade Distorting, Discriminatory and Environmentally Disappointing", Round Table on Sustainable Development, 2002.

Victoria Alexeeva-Talebi, Andreas Löschel, Tim Mennel, "Climate Policy and the Problem of Competitiveness: Border Tax Adjustments or Integrated Emission Trading", Center for European Economic Research(ZEW), Discussion Paper, 2008.

Victoria Alexeeva-Talebi, Niels Anger, Andreas Lösche, "Alleviating Adverse Implications of EU Climate Policy on Competitiveness: The Case for Border Tax Adjustments or the Clean Development Mechanism", ZEW Discussion Paper, 2008.

Vijeta Rattani, "The Role of NGOs in Effectively Addressing Climate Change", The Open Think Tank on Foreign Policy, 2013.

Viner, Jacob, "The Customs Union Issue", Carnegie Endowment for International Peace, 1950.

Warwick J. Mckibbin, Peter J. Wilcoxen, Nils Axel Braathen, (Tom) Hu Tao, "The Economic and Environmental Effects of Border Tax Adjustments for Climate Policy", Brookings Trade Forum, Climate Change, Trade, and Competitiveness: Is a Collision Inevitable? 2008-2009.

Williamson, "Estimating Equilibrium Exchange Rates", Institute for International Economics, Washington, 1994.

Williamson, *The Exchange Rate System*, Institute for International Economics, US: MIT Press, 1983.

Wilting, H., Vringer, K., "Environmental Accounting from a Producer or a Consumer Principle: An Empirical Examination Covering the World", 16th International Input-Output Conference, 2007.

致　谢

与经济学的结识已十年有余，短暂却又充实。从一个稚嫩的本科生逐渐成长成熟，逐渐走进社会，也更加明白了经济学之于个人和社会的真正意义。着笔之时，无数过往画面此起彼伏，所幸无论曾经多少付出、多少坚持，从未后悔如此走过最宝贵的一段人生。一份笔墨，可能无法代表研究之全部，不管怎样，能有一个机会对自己的研究道路进行回顾，对帮助过我的人表示感谢，也是本书于我而言的一个重要意义。

首先必须感谢我的父母，虽然他们可能看不懂书中所提及的任何一种理论和方法，但是其中的一字一句、每一个知识点的获取与表达，都无不体现着来自他们的思维方式与学问态度。曾经有个问题是为什么要高考，我的答案是为了父母，如今我的答案依然如此：不管你们是否懂得我写的内容，你们只需要知道，儿子没有辜负远隔千里的牵挂和期待，一如既往。

感谢我的两位导师，吴力波教授和孙立坚教授。

吴力波教授是我的领路人，是我蜕变和进步的见证者，是我亦师亦友的恩人。吴老师把我从一个一无所知、毫无建树的小毛孩，培养成一个充满自信、热爱生活、认真学术的基本合格的研究生，如不亲身经历，绝对无法想象其中的耐心照顾和用心良苦。我有很多缺点，但吴老师从不当面指责，总是给我时间和机会待我自己领会。不想列举每一次出国交流、学术会议、社会实践、发表文章、实习求职…也许很多人能够得到类似的机会，但也许很少有人能够找到如此用心的导师。吴老师常说，等我毕业了，这个时代就结束了。说来伤感，又心存侥幸，所幸我们都在，师恩不忘，情意长存！

孙立坚教授作为学界著名的学术公知，对金融学和宏观经济的理解与把握令我十分钦佩，所谓添砖加瓦易、高屋建瓴难，而能够成为一位平易近人、宽以待人的知名教授则更能体现其学术能力与人格魅力。孙老师对我的平时要求是比较宽松的，但却总能在关键问题上给出非常重要和正确的建议，帮助我顺利完成相关研究工作，所谓松弛有度、有的放矢。

感谢杨长江教授、尹翔硕教授、袁堂军研究员对我学术研究的指导和帮助，感谢石磊教授、华民教授袁志刚教授、陆寒寅老师、郑辉老师在我多年经济学院学习生活中对我的关心，感谢 Mr. Lewis 在我在国际能源署工作期间对我的照顾。感谢在我整个学生生活、乒乓球生涯和人才工程学生工作中遇到的领导、老师、同事和学生。

感谢我的师门所有兄弟姐妹，特别是曾经朝夕相处、并肩作战的战友们：汤维祺、朱汇、李晶、汪仁杰、钱浩祺、周泱、高亮、乐无穹…无数挑灯夜战因为大家的相互扶持而充满了更多美好的回忆，与年龄一起成长的是友谊，比论文更加厚实的是信任！

感谢交通银行以及交行管培生项目，宝贵的轮岗机会和工作平台让我对金融的认识开始走出书本，也真正感受到一切所学所思只有用在实处才真正具有意义和价值，博学笃志后，理当责任立业、创新超越。

最后，必须要特别感谢我的爱人张菁女士，在我求学与成长的道路上一路陪伴，永远是我所有困惑、不解、浮躁与挣扎的出口。我无法描述遇到你对我而言有多幸运和幸福，因为这种感觉目前仍在以每天二十四小时的速度延续着，且边际效用递增。

最后的最后，感谢我的母校复旦大学，感谢所有有耐心读到这里的人们！

责任编辑:陈　登

图书在版编目(CIP)数据

气候壁垒对人民币实际有效汇率的影响/李长河 著. —北京:人民出版社,
　2017.9
ISBN 978 - 7 - 01 - 018095 - 3

Ⅰ.①气…　Ⅱ.①李…　Ⅲ.①气候变化-影响-人民币汇率-研究
　Ⅳ.①F832.63

中国版本图书馆 CIP 数据核字(2017)第 207573 号

气候壁垒对人民币实际有效汇率的影响
QIHOU BILEI DUI RENMINBI SHIJI YOUXIAO HUILÜ DE YINGXIANG

李长河　著

人 民 出 版 社 出版发行
(100706　北京市东城区隆福寺街 99 号)

涿州市星河印刷有限公司印刷　新华书店经销

2017 年 9 月第 1 版　2017 年 9 月北京第 1 次印刷
开本:710 毫米×1000 毫米 1/16　印张:11.5
字数:182 千字

ISBN 978 - 7 - 01 - 018095 - 3　定价:30.00 元

邮购地址 100706　北京市东城区隆福寺街 99 号
人民东方图书销售中心　电话 (010)65250042　65289539